学するこころ

―博士の生涯

日野原重明

岩波書店

この書を日本の若き医学徒に捧ぐ

第二版序
オスラーを師として私は生きてきた
――再び刊行される「オスラー博士の生涯」に寄せて――

私が本書の第一版を『アメリカ医学の開拓者―オスラー博士の生涯』と題してわずか千部を出版したのは、まだ印刷する用紙にも不自由であった一九四八(昭和二十三)年四月のことであった。当時、日本での医学教育は、終戦後の混乱からやっと立ち上がろうとしていたが、アメリカ合衆国の医学教育や臨床医学のシステムを知る文献は非常に乏しかった。日本の医学教育や臨床医学が戦前のドイツ医学の模倣を続けることへの問題点を私は強く意識していたので、私の知る限りの資料を集めて、日本の医学教育と医療との流れを、もっと人道主義的なものに変え、しかも科学的裏づけをしっかりしたいと強く願った。

それには、近代アメリカ医学の基礎になっている、カナダ生れの、そしてアメリカ合衆国と英国において、これらの国ぐにの医学教育の基礎づくりと、医学にサイエンスと同時に人道主義的なこころを注いだウィリアム・オスラー内科教授の生涯を紹介すること、そのことによって、日本の若い医師と医学生に、アメリカ医学のもつ医のこころを理解してもらいたいと考えた。

幸いに、私の手許には、当時大学教授でも入手できなかったオスラー博士の不朽の名作と評されていた医学生への講演集『平静の心』(*Aequanimitās*)があった。

この本の入手については、私には忘れられない強烈な想い出があり、終戦直後にこの本を私が得たいきさつを、この第二版の序文の中に記したいと思う。

*　*　*

私は京都大学医学部を一九三七(昭和十二)年に卒業し、二年の研修のあと大学院に進んで心臓病学の研究をしていたが、一九四一年の夏からは上京して築地にある聖路加国際病院の内科医師として勤務していた。ところが、この年の十二月に、日本は真珠湾のアメリカ海軍基地を攻撃して、第二次世界大戦に突入した。私は医学生のとき、結核性胸膜炎《きょうまくえん》を病んで一年休学したという呼吸器の傷をもっていたので、軍隊の召集をまぬがれ、空襲下の東京で終戦まで病院を守り、多くの戦災者の治療にあたった。

終戦後、空襲を受けなかった私の病院は連合軍に接収され、アメリカ第42陸軍病院となった。この陸軍病院に医学図書室が整えられたと聞いた私は、院長に会って勉強のために図書室を個人的に利用したいと頼んだところ、幸いにも自由に出入りできるパスがもらえた。

戦争中日本はアメリカの医学雑誌や教科書はいっさい入手できなかったので、アメリカ医学がどんなに進歩しているかが皆目わからなかった。ところが、この病院の図書室の医学雑誌やテキストなどをみて、私はその進歩に驚いた。そして、いろいろな雑誌や本を読んでいくと、そのなかに「ウィリアム・オスラーがこういった」とか、「このように医学生に教えた」という記事に何回かぶつかり、この人の著書を読みたいという気持ちがつのったのである。

そんなときに、幣原喜重郎《しではらきじゅうろう》氏が総理として組閣されている最中に肺炎を病まれ、私はその治療を頼まれて、アメリカ陸軍の軍医とともに世田谷にある総理の私邸に往診した。そのとき軍医に「オスラーの本を入手したい」と頼んだところ、この話が陸軍病院長のバワーズ軍医大佐に伝わった。そのバワーズ大佐は戦争中、病院船の医師責任者として服務されていたときも離さず手元にもっておられたオスラーの講演集『平静の心』を、私に下さったのである。この本はバワーズ大佐が医学校を卒業されたときにアメリカの製薬会社のリリー社から記念に贈られたという貴重な本でもある。

ウィリアム・オスラー(一八四九―一九一九)は、イギリスの思想家カーライルの実践哲学を受けて、生かされている今日という日に全力投球して日々を生きた人であり、オスラーは医学生を講義室よりも患者が終日いる病室で教育したことでも有名である。そのオスラーの名著として知られている『平静の心』は、オスラーがアメリカ合衆国で内科教授をしていたとき、医学生、看護婦、開業医に行なった十八回の講演をまとめたものである。

この本は、私が医師になってからの半世紀以上の生涯を通して、座右の書となり、私の臨床医学と医学教育への情熱の油となって、私のからだの中で燃えつづけた。

私はオスラーから多くのものを学んだが、オスラーが愛してやまなかった医学生たちへの人生指針としては、つぎの四カ条が書かれていた。

第一は、超然の術である。どんな環境の中におかれても、それに煩わされることなく、それから逃れられるように自己を抑制する習慣を養うこと。どのような状況にあっても、絶えず物事に集中できる能力を養うこと。

第二は、ものごとを系統的に考え、整理する方法を修得することである。諸君が毎日繰り返すことを効率のよいシステム的な習慣とすること。そうすると、そのシステム的な習慣が天性になる。

オスラーは習慣の論理を、アリストテレスからも学んだようである。オスラーはまた、朝早く起きて勉強するということをすすめ、これを習慣化せよとも述べている。

第三は、物事を徹底して行う特性である。物事に徹することの重要性を説いた。

そして最後に、医師として最も重要なことは、謙遜の徳(the grace of humility)を持つことだ、とオスラーは述べている。オスラーの言葉は、今日のごとき自己主張の強い時代に、人間がどう生きるべきかを強く示唆するものである。オスラーは、謙遜の徳なしには良い医師とはなりえないことを繰り返し強調している。

オスラーはまた、医学生、医師には、絶えず勉強しつづけよう、羽ばたく鳥のように羽ばたきをつづけようと励まし、また医学生に対しては詩人ローエルの言葉を引き、心が「南を向いている」ような、暖かい陽気な気持ちを持つように、と指導した。

オスラーは、教師に対しては厳しく、人を信じる習慣を学生に教えよと言い、苦しむ自分たちの同胞を治療する際には、教師は優しさ、忍耐、正しさの模範を自ら示さなければならないと述べている。また、ニューマンの『歴史の素描』の中の「教師の人間としての感化力は、教育制度なくしてもその力を示すことができるが、教育制度(あるいは大学)は、教師の感化力なくしてはその機能を果たしえない。感化力あるところに生命あり、……」という言葉を引き、感化力のない大学は、北極の冬のようなものである、と述べ、学生に対して感化力を持つ教師が出現することを、強く望んだ。

オスラーほどに、学生を愛し、教育を重視し、また、患者を愛し、患者の中に医師が学ぶことがあることを強く説いた医学者は少ないと思う。そして、彼は医学だけでなしに、広く学際的な知識を持ち、また、人文科学を深く理解し、それには古典を十分読んで教養人となること、そのことがよき臨床医となるのに必要であることを強調した。

オスラーはまた、患者をケアする場合、聖書にしるされた黄金律、すなわち、「何事も人びとからしてほしいと望むことは、人びとにもそのとおりにせよ」(新約聖書マタイによる福音書第七章十二節)にそって実践することを、医師や学生にすすめた。

オスラーが、病室にはいって回診するときには、病室の空気が急にさわやかになったと弟子たちは語っている。オスラーが病室をおとずれるときには、どんなに忙しくても時間をとって、ベッドのそばに椅子をひきよせ、腰を掛けて、患者と視線をできるだけ水平になるようにして、優しく語りかけ、患者の話をゆっくり聴いた。そして上着の裏ポケットから聴診器を出して、きわめてていねいに診察した。

診察後、明るい冗談をよくいって、患者の気持ちをほぐす妙をも心得ていたという。

私はオスラーから「平静の心」を学び、また黄金律による患者へのケアの心を学んだ。そしてもうひとつオスラーから学んだものに、オスラーの実践哲学がある。

「今日のことを精一杯やり、明日のことを思いわずらうな」

オスラー自身がカーライルから教えられたというこの言葉は、私のたいせつな座右の言葉ともなり、今日まで、私に強いインパクトを与えつづけてくれている。

私がこのオスラーの小伝を出版してから、はや六十六年が経過した。

私はオスラーのくわしい伝記を、一九七三(昭和四十八)年九月号から『メディチーナ』(医学書院刊)という内科雑誌に八一年十一月号まで十年間にわたり毎月連載した。

しかし、一九四八年版の小さな伝記をなんとか読みたいという医学生、医学研修生、開業医の数が増し、また一般の方までが、この偉大な教育者、研究者、臨床家の人生観と、そのたどった道を知りたいと願っていることを知った。

一九八三年には、わが国にもアメリカオスラー協会にならって日本オスラー協会が誕生した。この会には医師、看護婦など医療関係者からなる会員のほか、一般の方がたも会友として名を連ねられている。

岩波書店から、この本を語句およびかなづかい等についての若干の修正をして、一般の知識人にも読ませたいという希望が出され、私は喜んでこれを受けたわけである。

オスラーは一九一九年の十二月末にオックスフォードの自宅で死去されたが、この本によって彼のたどったヒューマンな人生、彼の患者と家族へのいとおしみのこころ、医術の技《わざ》、そして若い学生を愛し、彼らに寄せる期待などが、日本の読者層に広く伝えられることができれば、私にとってこの上ない喜びである。

オスラーの精神は、半世紀余にわたる私の医師としての生涯の中に消えることなく燃えつづけており、また行く手をも指し示し続けてくれると思う。

この本を再び世に出すことにお骨折りをくださった岩波書店の高林寛子さん、それに私の仕事を手伝ってくださった佐藤玖子さん、岸野めぐみさんに心から感謝したい。

なお、英語の固有名詞などの表記は第一版のままにしている。

日野原重明

第一版序

戦前、他の文化とともに無視されたアメリカ医学は、今日では、往年のドイツ医学以上に謳歌され、盛んに輸入されている。多くの人たちは、アメリカにおける優れた研究業績や、これを生んだすばらしい研究所、病院が「アメリカ医学」の全部であると考えやすい。しかし、今日の輝かしいアメリカ医学の収穫には、数かずの医学開拓者の尊い血と汗とがしみ込んでいることを私たちは、見落してはならない。それはちょうど、合衆国の建国とその発展のいしずえとして、あの清教徒のたくましい開拓精神があったことを忘れてはならないのと同様である。

私は、アメリカ医学を、あるいはさらに英米の近代医学を今日あらしめた数かずの優れた医人の中に、ウィリアム・オスラー卿を特記したい。私は、少なくともアメリカ医学は、彼オスラー博士なしに論ずることができないとさえ考えている。

現在とうとうと輸入されつつあるアメリカ医学の中に、この偉大なる医人オスラーが見失われている現実を見たとき、私はどうしても筆をとらずにはおれない気持になった。

私は、すでに医師となった人びとに対してよりも、これから医学教育をうけ、日本再建の一翼たらんと志す若き医学徒諸君のために、オスラーによって示された「医学するこころと生き方」の一片でもをお伝えしたいと思う。

オスラーは一八四九年に英人の牧師の子として、カナダに生れ、一九一九年にオックスフォードの"Open Arms"の愛家で七十年半の生涯を終えた。三十六歳から五十六歳までの人生の絶頂期は合衆国のペンシルヴァニア大学とジョンズ・ホプキンズ大学で過した。彼は病理学から臨床へ、さらに予防医学へと、医学の全野を渉猟し開拓し、それらを緊密に結びつけていった。研究と、診療と、教育とに、彼ほどのひたむきな情熱を捧げ、また言葉を行いとした医人は東西に稀であろう。

——Good teacher and sound physician になることが、彼の生涯を通しての希いであった。彼はまた、臨床家であることの意義と誇りとを生涯持ちつづけた。

彼はどこの大学にあっても、つねに、医学生のために、高い医学教育を打ち建てんとして献身的な努力を捧げ、自己の幻に向って勇往邁進した。受くるより与える喜びを生涯もちつづけた。彼はまた、若い医学生を、心から愛することによって、彼らを励まし、教育し、その人生の伴侶となった。

医者は単なる科学者ではない。むしばめる体と病める心に触れ、これを癒し慰める科学者たるべきである。オスラーには、科学者としての精緻な観察力、冷静な思考力とともに、人の心情の琴線にふれ、多くの人びとの友となる心の豊かさがそなわっていた。文学、哲学に対する深い造詣と、幼き日からの信仰と、人に仕えんとする心とが彼をしてまったき人たらしめたのである。

彼は、合衆国をはじめ、カナダ、英国の医学に貢献せんとしたのみならず、みずから築いた医学と文化により、世界の人びとに連なっているという確信をもって生きた。国境を越え、人種を超越して、人はみな同じ赤い血の通う人間であるとして、世界の人びとを愛した。他人に気を悪くさせたり、争ったりすることは彼の最も嫌うところであり、彼は徹底した平和主義者として生きた。その生涯の終りに近く、かの第一次世界大戦が勃発したことは、彼をどんなにか悲しませたことであろう。

オスラーは単に英米の医学の開拓者であったのみならず、身をもって、カナダ、合衆国、英国、ドイツ、オーストリア、フランス、オランダ、イタリア等の医学界の橋渡しとなった。

私はここにオスラー博士を語るにつけ、今は亡き新渡戸博士を想い浮べる。北海道農科大学を卒業した後、身をもって太平洋の架け橋たらんことを希い、日米文化の交流のために尽し、また国際連盟を通して世界の平和のために貢献し、生涯学生を愛し、精神の「修養」「世渡りの道」を説き、日露戦争後の唯物的な、破壊的な時代にあっては全日本の青年、学生の思想的指導者となった新渡戸博士の面影は、日本のオスラー博士ともいえよう。

第二次世界大戦の終った今日、わが国の青年学徒の間には、長らく忘れられた新渡戸先生が、もう一度生きて来なければならないと思う。同じ意味において、国籍は異なるとも、十九世紀の生んだこの世界の医人を、青年医学徒の学問的ならびに精神的の指導者として覚えたいのである。

荒廃した現代の日本の医学界は、彼の歩んだ道を生きた教訓とし、倫理とすべきではなかろうか。——

オスラーの伝記としては、Harvey Cushingによる、*The Life of Sir William Osler*(上下二巻、一九二五年)のほかに、E. G. Reidによる*The Great Physician: A Short Life of Sir William Osler*(一九三一年)等があり、また、ジョンズ・ホプキンズ報告集(一九一九年七月)にはM. W. Blogg編集により*A Biography and His Writing*が載せられている。

その中でクッシング博士の大著はその充実した内容と、オスラーの業績を世界に普及した意味で、非常に有名である。クッシングは一九三九年に逝去したが、脳外科の開拓者として世界に知られている。彼の著には、オスラーのあらゆる医学的業績、講演の要旨が紹介され、またオスラーの日記、手紙、友人からの手紙等が数多く載せられている。この著書は真実のオスラーを伝えるものとして定評がある。私は、伝記の資料を主としてこの本からとり、彼の解釈に従った。その他、アメリカ伝記辞典、医学史(Garrison)等をも参考にしたことを附記しておく。終りに英文学や聖句の引用につき援助された畏友の英文学者須藤信雄氏、ならびに私の父に感謝の意を捧げる。また出版に関しては、中央医学社の小沼宗俊氏の御尽力に対して厚く感謝する。

昭和二十三年四月一日

田園調布にて

日野原重明

目　次

第二章　合衆国時代（一八八四—一九〇五）

第三章　英国時代（一九〇五―一九一九）

第一章　カナダ時代（一八四九—一八八四）

21歳のオスラー青年

オスラーとその親友

生い立ち（一八四九―一八六七）

ウィリアム・オスラー(William Osler)は今から約百四十年前の一八四九年七月十二日にカナダの一寒村ボンド・ヘッドに生れた。九人兄弟の中の八番目であった、下に妹があったが、幼くしてなくなったので、彼は末っ子として両親からはとくに可愛がられて成長した。

ボンド・ヘッドはカナダのオンタリオ州シムコー郡にある村である。

ウィリアムの生れる十二年前の一八三七年の夏に、その父のフェザーストン・レイク・オスラー(Featherstone Lake Osler)が英本国からこの地に移住して来たところは、ここはまったくの片田舎であって、郵便局に十二マイル、医者に十五マイルというほどであった。オスラー家は代々イングランドのコーンウォール半島に在住した有名な船商人であり、父のフェザーストンも幼い間海辺に育ち、大きくなると船乗りを志して海に出た。一時は海軍に籍を入れたことがあるが、後に転向して神学校に入ることになった。彼は卒業するとすぐ牧師としてカナダの植民地伝道を志願したのである。彼は海で鍛えたたくましい体と精神とをもっていた。

カナダに出かける直前にロンドン生れのエレン（Ellen）と結婚した。彼女は小がらではあったが、健康に恵まれていた。彼女はオリーブ色がかった顔色をしていたので、知らない人からはインド人の血が混っているのではないかと思われたくらいである。美しく、賢く、またいつも生き生きとした表情で話をし、ウイットにも富み、誰からも愛されるといった婦人であった。

父の方の祖先は代々信心深かったが、このウィリアムの母も厚い信仰の人であった。ウィリアムは顔形、性格等の点で、どちらかというと父よりも母に似ていた。背はやや低かった。そのオリーブ色の顔と光った黒い眼とは、彼が長い生涯の間に接した数知れぬ人びとに強い印象を与えた。彼の幼いころ、その父はよくその黒い眼をさして"little burnt-hole-in-a-blanket"――毛布のちっちゃな焼け穴――と呼んだりした。

この若い牧師夫妻は新婚旅行としてはじつに不便な旅をしてボンド・ヘッドに着いた。この地方は未開の森林地帯が多く、農地に開拓するための住民の努力は大変なものだった。みんな貧しい生活をしていたので、ろくな家もなく、この新婚の二人がひとまず落ちついた家も、小さいほんの仮小屋であった。このシムコー郡には、原住人のほかに白人としては一八三〇年以後のアイルランドからの移民が多かった。これらの英人の多くは、オレンジメン(アイルランド新教党に属する熱心な信者)であった。牧師のいない土地に長く生活した彼らは、何派の牧師でもいいから誰か来てほしいと希っていたところに、この若い牧師が赴いたので非常な歓迎をうけた。

しかしここでは教会堂もなく、また定住するちゃんとした家もなかった。あるときは家畜用の小屋を百姓から借りたり、またあるときは九尺一間の丸太小屋に住まった。若い牧師は自分らの住居等についてかかわるひまもないほどに教会に身と時を献げた。道もない森林や沼地を馬でぬけ、橋のない川を丸太で渡ったりして、遠くの村々を巡回し、日曜日は三カ所で礼拝をし、洗礼をほどこしたり結婚式をあげたりした。その名簿は今日なお保存されている。妻のエレンは子どもたちを集めて日曜学校をしたり、また村の女たちに裁縫や編物を教えたりした。

この地に移って来た翌年、やっと村の人びとの手で小さいながらも教会と牧師館が建てられ、そこで十八年間の生活が続けられたのである。この間にまず長男フェザーストン、次いで次男ブリトンが生れた。ブリトンは大きくなると法律を学び陪審官になったが、ウィリアム・オスラーはこの兄といちばん顔が似ており、またこの二人は兄弟中でもとくに優秀な出来であったそうである。ブリトンに次いで長女メリーが生れ、さらに三男エドワード、四男エドムンドが生れた。エドワードは後に弁護士となった。エドムンドはとくに商才があり、のちには仲買業者の頭となり、またカナダ銀行の頭取、カナダ太平洋鉄道の社長の要職に就き、また多年カナダ下院議員をつとめた。彼は経済的に恵まれていたので、のちには弟ウィリアムの遊学資金を出したり、また書籍蒐集のためにウィリアムへの送金を惜しまなかった兄である。

エドムンドに次いで双子のシャーロットとフランシスが生れた。シャーロットは女きょうだいのうちウィリアムが終生いちばん仲よくした姉である。男のフランシスは放浪性があって早くから海外に出たりした。双子の生れた二年後に六男のウィリアムが生れた。

ウィリアムという名前は両親がつけたのではない。というのは父は今度男の子が生れたならば、自分の敬服していた先輩の牧師の名をもらってウォルターと呼ぶつもりにしていたところ、その誕生が七月十二日、すなわちアイルランド新教党(通称、オレンジ党)の記念日にあたったので、在住の党員からの申し出で、オレンジの王と呼ばれたウィリアム三世の名前を子どもの名にとり入れることになったのである。毎年七月十二日になると、それらの人はウィリアムを「オレンジの王子」と呼んで、衣で飾りたててお祭りさわぎをするのがならわしであった。

ウィリアムの生れたころにはボンド・ヘッドは、人口がようやく二百となり、いろいろの店ができたり、医者が開業したりして、だんだん町の格好をそなえてきていた。ウィリアムは平素みんなからはウィリーと呼ばれていた。小さいときからのいたずら好きは大きくなって学校に入ってからも、なかなか止められなかった。

オスラーは子供時代の追想をよく人にも話し、また、ものにも書いたりしているが、じつに面白い話が多い。彼自身不治の病の床にあったときも、よくその話を見舞客に聞かせて、お腹をかかえて笑ったりした。

オスラーは彼がわずか丸二歳のとき、妹が近く生れるんだということを、いちばんの古い記憶としてもっていたという。仔牛とふざけて桶の中に頭をつっこんだり、ふざけて姉の小さい指先を斧で切り落したことなどがある。幼な友達と美しい陽の光の下に、また冷たい月の光にぬれて、林や野に遊んだことなどを想い出すときの彼の眼は、いつもいきいきと輝いていた。

彼は晩年(一九一一年)、グラスゴーの若い医学徒の前で、その幼いころの追憶を通して示唆深い教訓を語ったことがある。

――私は子どものころ、春になると友達を誘って叢林に入り、かえでの木から砂糖集めをして遊ぶのが楽しみであった。この木の幹をつついて細い木の樋をつきさし、これを伝わって落ちる甘い汁を集めるのである。面白がって、みんなでたくさんの汁を集めたはずだのに、いっしょにして煮つめ、砂糖にしてみると、ほんのちょっぴりしかとれない。あんなに甘く、たくさんあった汁だのに。――

――さて若い学徒諸君、科学の林にふみこんだわれわれの時代の研究者は、過去のどの時代のものにも優って大量の甘い汁を集めたのであるが、その大部分は既に煮つめられてしまっている。君たちこれからの時代の人びとのなすべき道は、のこったわずかの汁に固執することなく、君らがめいめいの木に樋をさして、それから新しい汁をひき出し、めいめいの仕事を完成させることである。――

その幼な時代の小さな追想の一つにも、新時代の学徒の宝とすべき豊かな真理が秘められている。

ウィリーは兄弟や友達に対して実に気まえがよく、また思いやりが深かった。なくて困っているものがあると、誰にでも、すぐ自分のものを分け与えた。彼は時には度をこしたいたずらをしてしまうことがあったが、悪意のない彼のしぐさをむきになって怒ったり、責めたりするものはなかった。

そのころ、まだボンド・ヘッドには私塾があるくらいで、ちゃんとした学校はなかった。父は外に出がちであったので、子どもたちの教育はおもに母親の手で聖書を中心になされた。日課としては、早朝の祈りから就眠の感謝までの間に勉強や仕事がおり込まれ、母はそれを厳しく監督した。子どもたちは父の小さな書斎で勉強したが、本棚には神学書がぎっしり並べられており、その中の本がテキストに選ばれることがあった。エドワードの書いた貝殻の絵入りの本もみかけられた。

エドワードというのは父さんと呼ばれて、ヴィーザーストンの兄で、ウィリーの伯父に当った。そのころ、みんなからはサム伯父さんと呼ばれて、この家族のものとはとくに親しみが深かった。彼はまれにみる才人で、外科を専攻して王立外科医師会の会員に推薦され、のちに軍医となり、また一時は開業もしたことがあった。趣味としては詩を作ったり、賛美歌を作ったりし、のちには新聞の編集者ともなった。

彼には海軍の提督の伝記や教会、博物に関しての有名な著書があった。医者として、博物学者として、また文筆の人としての伯父をもつことは、この一家の名誉でもあり、彼からの手紙がくるとみんな集って読み、あれこれと噂話をするのであった。ウィリーは幼いときからサム伯父さんを非常に尊敬していた。ウィリーはその顔や性質が母親によく似ていたと先に述べたが、背の低いこと、褐色の肌や、またその性格などは、この伯父とも非常によく似ていたようである。

フェザーストン夫妻はこの未開の土地であまり精を出して働き過ぎたために多少健康を害していたし、それにだんだんと成育する子どもたちの教育のことも考えて、もう少し開けた町に移りたいと希っていた。ついにこの願いがかなって、一八五七年の春十九カ年の思い出をのこしてボンド・ヘッドを去り、南下してダンダスに移った。

ダンダスはオンタリオ湖の西方で、トロントからナイアガラに行く途中にあり、ボンド・ヘッドにくらべるとずっと開けた文化の香りをもつ町であった。人口は三千もあり、道路はよく、水道もひかれ、幾つかの教会や学校があった。ここでは殺風景なボンド・ヘッドの住居にくらべて、問題にならないほどのすばらしい眺望のよい高台の家を与えられた。一家はひさしぶりに幸福な生活を楽しんだのである。

当時八歳だったウィリーは、さっそくこの地の私立小学校に編入された。この小学校は、町の公立小学校の二階を教室に借りていたが、公立小学校の校長は二階の生徒たちをひどく嫌っていた。ウィリーは奇抜ないたずらを考え出してはその校長を驚かせたり、狼狽させたりしたが、冗談にあまり念が入りすぎて、彼の校長が困った立場になり、とうとう退学を命ぜられた。そのころウィリーの兄たちはボンド・ヘッドよりずっと北で、シムコー湖のバリーの学校に送られていたが、ウィリーもその翌年秋には、父の友人の牧師が校長をしていたこのバリーの小学校に転校し、寮に入った。

　この学校でも、彼はいたずらぶりを遺憾なく発揮した。学校の帰りに「悪友三人組」の一人のミルバーンに、遠くの豚に石を投げてみろよとそそのかしたところ、石が命中して豚は死んだ。それを、失敬して帰ろうとしたところを持主に発見されて、たいへんな騒ぎとなったことがある。オスラーは年とってからも、よくこのミルバーンが豚をしょった格好を真似て見せて、腹をかかえて大笑いすることがあった。

　消灯時間の厳格な学校であったが、その時間をすぎて、みんなの寝静まったころ連中と寮をぬけ出し、海岸に出て月の光で本を読んだり、水遊びをしたり、また島にしのびこんでメロンをふせいだりしたことがある。このようにウィリーは規律をがっちり守るという生真面目な生徒ではなかったが、クラスのものからの評判はいつもよく、またつねに指導的であり、よくみんなの世話もし、頭はもちろんよかったので、いつもクラスの代表に選ばれた。このことは上級学校に進んでからも変りなかった。

　彼は幼いときに結んだ交友は、一生涯続け、友情を裏切ることなどは、一度だってなかった。これは彼のもっともいい性格の一つである。何かの祝祭や、また友達の誕生日などはよく覚えていてカードを送り、また友人やその家族が何かで困っているのを耳にすると、すぐ援助の手を差しのべた。彼は臨終の床にあってさえ、数知れない友々に短い訣別の言葉を書き送ったのである。

ウィリーについては竹馬の友であったミルバーンの筆でいろいろの面影が書かれてある。幼な友達の眼に映って消えない彼の姿は――低いが均斉のとれた体、濃やかな愛情と広い寛容、勇気とリーダーシップ、それにすばらしい記憶力、聖書にはとくによく通じていた彼である。どの学校でもゆうゆうと首席を占め、ただに学問のみでなく、運動をしても、なんでもひとかどの選手であった。クリケット球投げ、ハードレースなどはいつも一等をとり、一マイル半の遠泳も平気で泳ぎ切った。そのころの新聞に、オスラーのすばらしい競技のレコードが載せられたことがあったが、母親は遥かにこの記事を読むと、さっそく息子に手紙を送って、もう少しくわしく知りたいとか、また競技の日の天気のことなどに気をつかって尋ねたりした。彼は大学に進んでからも忙しい勉強の間に運動を続け、他の大学との対抗試合にもよく出場した。

彼は運動に適した柔らかい、弾力のある四肢をもっていた。晩年になってからも、そのバネのある歩きぶりは彼の特徴とされた。

ミルバーンはこのバリーの学校時代の追憶の中で、次のような傑作の芝居があったことを記している。

――ある日、トロント新聞に「妻を求む」の広告が出たのをわれわれ二人がみつけた。花婿はアメリカのお百姓である。そこで私はブロンドの女、ウィリーはオリーブの女と名乗って返事を出し、二人とも薄暮のころ某駅で待合せると申し出た。女装したわれわれ二人とお百姓は定刻に薄暗い待合室で見合いをした。その時の相手の挙動ではなんとなくブロンドの私に心をよせるものがあったらしかったが、一カ月後の昼間の再会で万事決定することとして別れた。彼はその一カ月間に新婚の家を探そうという腹だったらしい。しかしここで二人は「あばよ」と芝居の幕を下ろしたのである。——

このあたりでウィリーのふざけはクライマックスに達したように思われる。このころトロント市の西方三、四マイルのウェストンの町に新しい教育方法による学校ができて、そこの上級の生徒には課外として音楽や絵を習わせるという評判があった。バリーの学校は両親の住んでいるダンダスからあまり遠く離れ過ぎていて不便であり、またそのころこの学校は少し下火になって、評判もあまりよくなかったので、両親はウィリーをウェストンの学校に移らせることにした。ここに入学させてわかったことであるが、この学校の創立に貢献し、学校を切り廻していたウィリアム・アーサー・ジョンソン牧師は、まれにみるよき師であった。十八カ月間の在学中、このジョンソン師からうけた影響はまことに大きく、またこれはただにオスラー一人にとってのみではなかった。

ジョンソンは最初士官学校に入れられて教育をうけたが、軍隊が嫌いで、転向して牧師を志願し一八三一年にカナダに移って来た。ウェストンには当時学校が一つもなかったため、ジョンソンは子どもの教育にも困り、いっそのこと自分で学校を建てようと決心して始めたのがウェストン学校の起りである。この学校は後に(一八六四年)トロント市のトリニティー大学と関係がつき、その分校となり、その校長にはこの大学から送られた若い学者がなった。

ウィリーがこの学校に入学したのは一八六六年の正月で、十七歳のときである。そのころのここの生徒は英国のイートン校ばりの制服をつけ、公式のときにはシルクハットをかぶるのが規則であった。若い校長はいつもかたい木の鞭を手にして生徒をぴしぴしやったので、誰もおどおどしていた。それに狭い学校だったので、なんでもすぐに校長の眼にふれ、生徒はのびのびした気持をもつことは滅多になかった。ウィリーは隔離中の水痘の子どもに接触して、故意に感染をうけ、そのため帰宅を許されて、家でしばらくの間のんびりした気持を味わったことがある。この学校には年のいった世話役の女性がいたが、ひどくみんなに嫌われていた。あるとき計画的にこの女性を部屋に閉じ込め、ストーブの煙で燻《いぶ》し、ついには窒息させるところだった。あまりにも脅迫的な、生徒としてあるまじき行動という理由で、連中はトロントの地方裁判所に起訴された。ちょうどウィリーの一番上の兄が弁護士として法廷に立ってくれ、譴《けん》責《せき》と一ドルの罰金と、訴訟費の負担ということでやっとけりがついたのである。

ジョンソン牧師は英国国教会では高教会派に属する人で、儀式的なことを重んじ、いつもひざまずいて祈っていた。仲間の牧師からは「ジョンソン神父」等とあだ名されていた。この点ではこの土地の新教の信者にはあまり評判がよくなかった。彼は若いころオックスフォードの運動の主唱者ニューマンらとともに英国国教派の立場から高教会主義を支持した人である。

ジョンソンは校長とは反対に心の豊かな、もの静かな先生で生徒とはきわめて親密な交わりをもった。彼が生徒によく読んで聞かせた本はトマス・ブラウン卿の著書『医師の信仰』であった。この本はオスラーにとくべつ深い感銘を与え、一八六八年に求めた一八六二年版の本を、彼はその後の五十二年の生涯を通じて一時も座右から離さなかった。この本はオスラーの蔵書中の第二番目に古いものである。

牧師であるジョンソンはまた芸術家で、絵も描き、彫刻もよくした。そのうえ彼は生物学者としても立派なものであった。顕微鏡の世界の中に映る自然の驚異と美とにオスラーをひき入れたのは、この師である。

ウィリーは入学して二カ月後には、信仰をかためるための指導をこの師からうけ始めた。そのころ彼は母親から信仰上の励ましの手紙を幾度となくうけていたのである。彼がいよいよ聖職を志す決心を母親に報じたとき、母エレンは、まことに濃《こま》やかな愛情をこめた手紙をウィリーにしたためた。

愛するウィリーよ

愛する子よ、お前が教会に身を献げる決心をしたときいて、私は今、心をすっかり打開いてこの手紙を書くのです。なによりも先に、私は神様に感謝の祈りを捧げます。神様は、長い間の私の祈りをついに聞き給うて、私の六人の男の子の中の一人が神への道を終世の道として選ぶようにお導きくだされた。ああなんという感謝でしょう。急がず、あせらず、熟慮して、示されたお前の道をしっかり歩むのですよ。

これにそえて一巻の本をお前に贈ります。ある立派な方が、その息子に書き送った教訓をまとめたという本です。いくつの年の子どもにも、また青年にも、役に立つものです。よく味わってお読みなさい。私がお前に与えうる贈りもの以上に尊いものが、この中に書かれてあるでしょう。
お前の母は、いつも、神を愛し神に仕える心が、神の子イエス・キリストによってお前に与えられんことを祈っているのです。

一八六六年五月三十日

ダンダスにて　母エレンより

あの「燻し事件」のときには、オスラーは母親から、お前のした行動は学校の名を汚すものであるとのきついお小言をくった。しかし母親の手紙にも郵便切手や、また一ドル、二ドルの小づかい銭が、健康を気づかうやさしい言葉とともに同封されていたのである。

若いオスラーがジョンソン師に接する機会はしだいに多くなった。彼の書斎に入ると、数百冊の書籍がつみ上げられ、神学の本以外に、リールの地質学、グレイの解剖学、ハリスの昆虫学、カーペンターの比較生理学といった科学の本がかなりたくさんあった。

ジョンソンは生物学にはアマチュアではあったが、各方面に博く通じ、しかも非常な情熱をもっていた。芸術家として、また宗教家として自然の美をたたえるだけでなく、顕微鏡で目近くもたらされ拡大された自然の姿にも、非常な魅力を感じていた。彼は眼に映るものはなんでもかでも一通り調査し研究した。化石・鉱石・昆虫・貝殻、木の成長と構造、脊椎動物の骨と歯などについては非常な関心をもっていた。週末になるとジョンソンは、よくオスラーを連れて野や山に出かけた。

一八六六年の夏休みには、二人は珪藻・藻類・苔《こけ》蘚虫に興味を覚えて、その採取に出かけた。オスラーがこの年の夏休みに家に帰ったころは、年ごろのいとこの女の子たちが何人もよく遊びに来たものだった。十七歳のオスラーは、どの女の子にも恋心を感じるのであった。このことについては彼が休暇を終えて学校に帰ってから、その姉が忠告の手紙を送っている。

その秋のこと、オスラーはラグビーの試合で向う脛《ずね》を負傷し、それからひどい骨髄炎をひき起した。このために相当の期間、外に出ることもできなかった。この間、彼はジョンソンの書斎にこもって顕微鏡を覗くうちに、科学の世界にいよいよ魅力を感じてきた。

そのころ、週末になるといつもジョンソンの部屋を訪れ、ジョンソンといっしょに生物学を研究する学者がいた。彼の名は、ジェームズ・ボヴェルといい、一八一七年に生れ、ケンブリッジ、ロンドン、エジンバラ、グラスゴー、ダブリン大学等で医学を学んだ。

そのころの仲間にブライト、アディソンらがいた。ボヴェルは一時、国で開業したが、一八四八年カナダに渡ってトロントに住み、トリニティー大学の医学部設立に努力した。ウェストンの学校が、トリニティー大学に合併されたころ(一八六四年)から、このウェストンの医学部門の担当者となり、週末のみウェストンに来、他はトロントの大学の医学部で教鞭をとっていた。ジョンソン師とボヴェル博士とは数年来の交友があり、二人はいっしょに標本をみたり、議論したりした。またあるときはオスラーが捕えてきた蛙について、その足の血液循環の研究をやっていたこともある。

オスラーが病気をして、長い静養を余儀なくされたことは、彼の将来の道を決定する上に重大な意義をもつものである。平素はボヴェル博士と親しく交わり指導をうける機会があまり許されなかったが、この療養期間中、ジョンソンの書斎に入りびたりになっていたために、博士の来訪ごとに標本作りを手伝いながら、その指導をうけることができた。ジョンソンによってまかれた生物学の種子は、ボヴェル博士の豊かな蘊蓄により、いよいよ育てられ、伸ばされて行った。

彼は大学に進む奨学金をぜひほしいものと希っていたので、卒業が近づくにつれ、猛烈に勉強した。しかし運動したり、生物学のために使う時間まで食い込んでしまうことはなかった。以上のことのために毎日のスケジュールはぎっしりつまっており、母親からの手紙から判断すると、忙しい日課のために家への手紙も一時疎遠になったこともある。

夏休みには彼のところにジョンソン師が友達のごとくやってきて、いっしょに近くの川・沼・湖などに出かけて苔蘚虫を採取し、その形態や、分布などについて調べた。彼はその秋(一八六七年)、ディクソン賞の奨学金をみごとに獲得して、トリニティー大学に入学した。このころオスラーは、まだジョンソン師の指導にしたがって、神学専攻の志のもとに進学したのである。

トリニティー大学入学と転向の決心(一八六七―一八六八)

オスラーの入学したトロントのトリニティー大学は宗教学校で、牧師を養成することが主眼とされ、教授の多くは牧師であった。牧師の中には科学を理解した学者も何人かはあった。そのころはダーウィンの進化論が提唱されて、神学界に大きな波紋が投げかけられていた時代である。

英国の有名な外科医のハックスレーは進化論を擁護して立ち、ウォーレスもダーウィンの説を擁護する論文を書いた。人間の原罪、進化論、人間の占めるこの自然界の位置という問題で、多くの人びとの心は迷わされていた。こうした時代には、科学に造詣の深い神学者を師としてもつ若い学徒は、ややもすれば神学からそれし科学に走る傾向があるのである。若いものは――このことはいつの時代にでもいえることであるが――ある学問を趣味とか、道楽とかにもつことはできず、学問にひたむきな熱情を捧げるものである。

オスラーは出版されてまもないダーウィンの『種の起原』を熟読し、ダーウィンを支持するライエル、ウォーレス、ハックスレーらの思想の洗礼をうけた。

オスラーの心の重点が生物学にいよいよ傾いたのは、いつのことかを知るのは興味深いことであろう。彼の古い遺品となった大学時代の一冊の宿題ノートの頁をくってみると、一八六七年十月二十日付の頁には、ラテン語の作文の宿題が書かれ、その下に「優」のおほめの字が教授の筆蹟で書かれている。宿題はこれが最後で、その後の頁は、ラテン語と入替りに淡水産の苔蘚虫の記載でいっぱいになっている。

翌年の早春、従姉妹の一人に書き送った手紙には、――午後には医学校に出席しており、また、今大急ぎでライエルの『地質学の原理』を読んでいる。また土曜日ごとにボヴェル博士のもとで顕微鏡を見ることにしている――と書いている。彼のノートによると、そのころから新たに腸内寄生虫の蒐集を始めたようすである。

その年の六月に文科の学年試験があった。科目は代数・ユークリッド幾何・ギリシャ語・教理問答・三角法・ラテン語・ローマ史・古典などであった。生物学にひかれて、それに勉強の時間をずいぶんさかれたが、その試験も楽に通った。ただ教理問答は相当な難問で苦しめられた。

その年の夏休みにはダンダス附近の川から毎日藻類を採集して来たが、ハンバー川の河口近くに発見した種が珍しかったので、ある英国の生物学の大家に尋ねたが、その大家もかつて見たことがないという返事をうけた。

こうした生物学の領域を、彼とジョンソンとは友達のように歩きまわり、その間にジョンソンは自分のもつ人生観や世界観等をも話し、またオスラーはダーウィンの側の立場に立って堂々たる意見を述べて、ジョンソンに立ち向うことがあった。

秋となって、新学年が始まったので、オスラーはふたたびトリニティー大学に帰り文科の二年のコースに進んだ。しかしわずか数日しか経たないうちに、彼はついに医学に転向する決意を固め、両親と学長とに申し出た。長く心の中に彷徨したあげく、ついに長い彼の一生涯を通じてのもっとも決定的な決断が下されたのである。これは十九歳の秋のことであった。この導火線となったものは、たしかにジョンソンとボヴェルの二人である。それに、医学から後に神学へと転じた経歴をもつボヴェル博士とまったく逆方向に、オスラーは神学から医学へと走った。このことは一見不思議に思われるが、彼らの深い交わりから考えると、その中にきわめて自然な経緯が見出されるのである。

その息子が自分の後継者として聖職につく日を心秘かに待ち望んでいた父ノェザーストンと、愛児を神に捧げうることを、たえず祈りのうちに感謝し、その過ちなきを希っていた母エレンにとって、この突然の転向の報は、どんなに心を悲しませ、気力を落させたことであろう。休暇が終り、秋の新学期に向ってウィリーを元気よく送り出してから、わずか数日しか経たない日に、この知らせとは。――しかし、この両親はけっして息子の決心をむりおしに曲げようとはしなかった。人生の途はけっして一本だけではないことをよく心得、息子を心から信じていた両親であった。

トロント医学校とボヴェル先生（一八六八―一八七〇）

トリニティー大学在学中のオスラーが、医科への転向をボヴェル先生に打ち明けたとき、先生は――それは結構だ、私について来たまえ。いっしょに研究をやろうよ

——と彼を励まし、彼をトロント医学校に迎えたのである。ボヴェルはオスラーにはその方面の才が充分にあると信じて、彼に大きな期待をいだいたにちがいない。しかしボヴェル自身はというと、それから三年の後にはオスラーとはまるで反対に、医学から神学へと転向し、生地のカリブ海の孤島に赴き、そこで余生を神に献げたのである。

一八六八年の秋から新しく始まった医学生オスラーの生活はまことに生気にみち、その勉強ぶりは精励そのものであった。講義には休みなく出席し、また解剖の実習にはとくに多くの時間をさき、夜おそくまで実習室の材料と取り組んで解剖学をものにしようと努力した。その他の時間はたいていはボヴェルの部屋で顕微鏡をのぞいて過した。ボヴェルの孫娘の一人が、そのころのオスラーについて次のように語っている。

——当時二十歳の青年であったオスラーは、私たち家族のものとすっかりいっしょに生活していた。オスラーは祖父のボヴェルを非常に尊敬し、祖父もまたオスラーを心から愛していた。顕微鏡のことになると、二人とも狂ったように熱中していた。母は、中に蛇や蛙やヤマネなどがはいっているかも知れない気味悪い小包がつくたびに、命がちぢまるといっていた。母はある午後、書斎に大きな蛇がうねっているのを見つけて激しく抗議したところ、二人から逆に書斎の中に入ったことをとがめられたことがあった。——

オスラーはボヴェルの往診には、よくお供をした。ボヴェルは鋭い頭脳を持っていたが、よくもの忘れするくせがあり、往診の患者の所番地を忘れて、お供のオスラーが患者の家を軒並みに探し歩くということもめずらしくはなかった。

オスラーが使った大学ノートは、その一部が今日なお記念として保存されているが、講義のノートの欄外には James Bovell の名の落書きが方々に見られる。オスラーはボヴェルに心の底から心酔し、友人への手紙の中には自分のことを「トロントの医学生」と呼ばずに「ボヴェルの学生」とよぶことがよくあった。若き日のオスラーが、ボヴェルからうけた感化がどれほど大であり、またオスラーの心と終生どれほど密に結ばれていたかは、その死の床にあって、うつらうつらした意識の中にも指先を動かして Bovell, Bovell と繰り返し書いていたことからでも推察できるのである。

他方またウェストンのジョンソンとの交わりも依然続けられていた。その当時の医学校には組織学の課程はなかったが、オスラーは自分で苦心して組織標本を染色したりした。冬休みにはそれをみやげにジョンソンをたずねることがあった。一八六八年のクリスマスの休みには、凍った沼や川から苦心して珪藻(diatom)、滴虫類、藻類等の標本を採集した。翌一八六九年の夏休みは郷里に帰り、そこからナイアガラ瀑布の方まで出かけていろいろの採集をした。またこの夏休みには郷里の家庭医のウェイカー医師のところにもよく出かけて行き、患者をみせてもらったりした。それから二十年もたってオスラーが虫垂炎の論文を書いたことがあるが、その論文の中にウェイカーのもとでみた症例――虫垂が化膿して鼠蹊部から排膿した例――を追憶している。彼には未熟な医学生の時代に見聞した些細な経験や知識が、その場かぎりのものでなく、のちのちまでも長く残って利用されたのである。

その当時すなわち十九世紀後半の医学校の教育は、どんなふうであったろうか。そのころの医学校の教授は基礎医学を担当するものでも、すべて臨床医であった。研究室とか実験室のような設備もなく、教育はおもに講義中心になされていた。

解剖学は二カ年にわたってあり、オスラーはリチャードソン博士の指導をうけた。この教授はトロントの刑務所の外科医を兼ねており、オスラーは彼について刑務所に出かけることもあった。その刑務所にはたまたまクリミア戦役中、動脈瘤の診断を下されて除隊になった男がいたが、獄死した後の剖検により、見事な動脈瘤が確証されたのを見て、オスラーはその当時の軍医の実力に感心したそうである。

オスラーは解剖をとくに熱心に学び、実習に多くの時間を捧げた。

一八七〇年の二月の寒い日、彼は人体内の筋を観察中、その中に旋毛虫の胞子を発見した。教授も学生も、筋の中の単なる斑点ぐらいにみなしていたこの胞子を、オスラーの鋭い眼は逃すことなくとり上げたのである。一八三五年パジェット卿により発見された旋毛虫を人体の筋の中に発見したこの学生オスラーの業績は、当時どんなに高く評価されたことであろうか。顕微鏡の世界に没入して、そこから何かを発見しようという不断の精進が、この輝かしい業績の実を結んだのである。

この旋毛虫による疾病については当時アメリカやカナダではあまり知られていなかったので、オスラーはこれを実験動物に食餌といっしょに与えて、感染経路を明らかにしようとしたのである。

オスラーの公表した医学の研究論文の中で、最初のものがこの「旋毛虫病」である。出版は六年後になされたが、彼はこの研究発表にあたって、協力者として同僚のドイツ人ツィンマーマンの名を並べ、彼とその名誉を分った。

彼は当時解剖学のみでなく、珪藻・苔蘚虫・腸内寄生虫等の研究にも依然、熱中していた。これらの標本を整理したり、記録したりする熱心さは、彼がのちにモントリオールやロンドンで行なった血液像の研究や、フィラデルフィアでのマラリア原虫の研究、ボルティモアでのアメーバ赤痢の研究にも比すべきものがあった。これらの研究はすべて彼がジョンソン、ボヴェル両師から手ほどきされた顕微鏡の世界からの収穫なのである。

一八七〇年には長年にわたる珪藻類の研究をまとめて出版した。その本の序文には次の言葉が述べられている。

――顕微鏡の世界にえがき出される多くの美しい対象物の中で、珪藻類ほど一般に、――とくに若い顕微鏡学者に――広く愛されているものはおそらくほかにないだろう。これは世界中にくまなく分布し、その種類もまた多い。珪藻のもつ純朴な美しさと、規則正しい特徴とは、人の心を惹きつけ、興味を呼び起し、さらに深い研究にまで駆りたてずにはおかないものである。

以下私はこの生物の生活、歴史ならびに構造等に関連して問題を取上げてこれを紹介し、あわせてカナダ地方で私が採集した種の表を掲げたいと思う。――

この研究はもちろんボヴェル、ジョンソン両師の指導と援助によるところ大であるが、その内容はすべてオスラー自身の観察した所見ばかりである。彼はこれを、後に入学することになったマギル医科大学の学長であり、また有名な植物学者でもあったドーソン博士に贈呈した。

オスラーはボヴェルの家には一八六九年の冬から一年近く世話になったが、その間ボヴェルの自宅診療の手伝いもし、彼から診断学の実地を学んだ。ボヴェルはその収入の多くを、貧しくて医療費や生活費に困る人びとに献げていた。オスラーは人を愛するボヴェルの心を、そのヒューマニズムを、どんなに美しく、尊く思ったことであろうか。臨床医としてのあるべき姿――ああオスラーほど自分を立派な臨床医にきずき上げるために、また後につづく若い医学生がそうなるように指導しようと生涯努力した医者が、ほかにどれほどあるだろうか――を彼はボヴェルの愛の心と実践に見てとったにちがいない。オスラーは研究、講義、またボヴェルを手伝う時間以外は、いつもボヴェルの書斎で好きな本を読みふけっていた。そこにはさまざまの本があった。そのころから五十年も経った晩年にさえ、オスラーはボヴェルの本棚に並べられていたモルトン著『アメリカ人の頭蓋』、アネスレイ著の『インドの病気』、ブフイト著の三巻の本、その他ダナ・アカジなどの本の位置をはっきり覚えていたという。

ボヴェルは心理学や倫理学にも非常な興味をもち、またロック、バークレイ、カント、ヘーゲル、スピノザ、デカルトなどの哲学や近代の哲学にも深い関心をもっていた。単にボヴェルの人となりだけでなく、その書籍もまたオスラーの導きとなり、彼を深い人生の思索の淵に誘い出したものと思われる。

ボヴェルの『自然神学』その他の著書は一九一八年、オスラーがこの世を去る一年前にわざわざトロントから買い求められて、オスラーの書斎を飾った。

オスラーは晩年になって——若いものが各種の本に満ちた大きな図書室で本を漁り読むことができることは、広い教育への一番よい緒口となる——と述べている。彼は若い人の前に立つたびに本を読むことを奨励し、また彼みずから、若い人の書斎たらんと努力したのである。

一八七〇年の夏、オスラーは——おそらくはボヴェルのすすめによって——トロントを去ってモントリオールのマギル医科大学に移る決心をした。当時モントリオールの病院のほうが、臨床の勉強にはずっと都合がよかったからである。

ボヴェルはというと、やはりこの夏、重大な決意のもとに転向した。すなわちトロント医学校の教職をすてて、一年先に送ったカリブ海の家族のもとに帰り、そこで聖職につき、残りの生涯を神に捧げる決心をしたのである。ボヴェルはオスラーをマギル医科大学の内科教授のハワード博士に紹介し、自分の聴診器や医療器械をかたみにのこした。ただ顕微鏡と標本類は後送を依頼して、カリブ海に出発した。その教区はネヴィスという西インド諸島中の小さな島である。あまり優遇もされなかったトロント大学を去ることは、彼にはなんの未練もなかったが、旧友のジョンソンや子どものように愛したオスラーと別れることは断腸の想いであった。

オスラーはボヴェルが医者として立派な才をもちながら、実力を十二分に発揮できずに転向したことを、まことに残念に思った。彼があまりに多才、多芸であったことが、かえって災いとなり、店を拡げすぎて、一つのことを最後まで完遂することができなかった。このことはオスラーにとっては生涯大いなる教訓となった。

――医者として、その専門外のことをやるのも結構であるが、それにあまり熱中することは、かえって危険である。一つの目的に向って、ただ一途に深く掘り下げていく意志の強固さがなければ、偉大な仕事は成就されない。――

この一つのことに専心し、しかも科学的な正確さをもって仕事をおし進めること――これは長い間の訓練によってのみなしとげられることである。――

この言葉はオスラーが若い学生を前にしたとき、しばしば繰り返した教訓である。

一八七〇年の秋、ボヴェルから手紙が来て、彼はもうカリブの島から帰らないことが明らかになった。オスラーは、あたかも自分の父と親友とを同時に失ったような激しいショックに打たれた。しかし彼の前には、モントリオールという新しい希望の世界が拓けていったのである。

——私はモントリオールで、気高い「継父」とも慕うハワード博士を発見した。ボヴェルとハワード博士、それに最初の師ジョンソン。私の成功は——諸君が望むところのものを得、またそれに満足しているという意味での私の成功は——まったくこの三人の師のおかげなのである。

これは晩年のオスラーが医学生を前によく語った言葉である。

マギル医科大学時代（一八七〇―一八七二）

一八七〇年の秋、オスラーはモントリオールに赴いたが、この地には、従姉妹のジェネットやマリアンが住んでいた。オスラーはトロントから移った六人の同僚といっしょに、下町のアーバン街に居住した。みんな年は若かったが、剛健な格好をしていたので、附近の人からは「ひげ面の子ども」とあだ名されていたそうである。

オスラーの父にとって、息子のウィリアムをこのモントリオールの医学校に送ることは、経済上相当辛かったが、子どもに最高の教育をうけさせるためだと思って、どんな苦労をも辞さなかった。

当時このマギル医科大学は、カナダでは一番の医学校であり、合衆国フィラデルフィアの医科大学に比肩されるものであった。この学校はスコットランドの人びとにより創立され、その教育はエジンバラ流になされていた。学校に附属してモントリオール総合病院があり、ここで臨床の実習がなされていたのである。

オスラーは一九一四年の「英国医学雑誌」誌上に、昔のマギル医科大学のことを次のように回顧している。

――私が一八七〇年(満二十一歳のとき)に、臨床の勉強のためにモントリオール総合病院に来たころは、その建物は古く、相当に傷んでいた。しかし次の二つの点が学生をそこに惹きつけたのである。――すなわち急性疾患の患者が多く見られたことと、優秀な教授陣を擁していたこととのためである。この病院には肺炎・結核・

敗血症・赤痢等の患者がたくさん入院した。実習は内科と外科がいっしょにして行われ、総室には両科の患者がごっちゃに収容され、これらの患者を三ヵ月間世話することになっていた。……

病院はスコットランド流に経営され、若い医者は手術の介助者となったり、記録をつけたり、また夜間には看護婦の仕事までもおしつけられることがあった。

教授としてはハワード、ライト、マッカラム、ドレイク等の一流学者をそろえており、彼らの臨床指導はすばらしかった。しかし記録の仕事とくるとたいへんやっかいなものだった。——

この学校も講義は一般臨床医が分担し、講義中心で、実験室の設備などはなかった。学長は地質学者として、また植物学者として有名なドーソン博士であった。彼はカナダの博物学会の会長にもなっており、オスラーは先に「珪藻類」の論文を彼に贈ったことがあるために、入学当初から学長の注目をひいていた。

医学原論(今日の生理学と病理学)の講義はウィリアム・フレーザーが分担していたが、一八七五年にオスラーがこの講座をひきうけるまでは、実験室の設備もなかった。薬物学は、後には牧師に転じた外科医のウィリアム・ライトが講義した。オスラーはのちにこの信仰厚いライト博士のために、学校の近くの聖ヨハネ教会内に記念碑をつくる計画の発起人となったそうである。

解剖学のスコット教授ときたら、ずぼらで解剖実習室になどまるで入ろうとせず、死体解剖は助手にまかせきりであった。臨床の教授としてオスラーがとくに喜んで指導をうけたのは産科のマッカラムと内科のパルマー・ハワードである。この二人はとくに熱心な尊敬すべき師である。そのころ興味ある臨床例があると、その地方の月刊医学雑誌に発表することになっていたが、オスラーがマッカラム教授のもとで実習していたとき、一例報告をカナダ内科外科雑誌に掲載されたことがある。これは臨床の論文としてはオスラーの最初の発表である。

当時の外科には主事をやっていた腕ききのキャンベル教授がいた。カナダではそのころまだヨセフ・リスターの消毒法を応用して無菌的に手術することが行われていなかった。手術するにも、普通の洋服を着たり、ときにはフロックコートを着て執刀するものさえあった時代である。キャンベル教授下のロディックがエジンバラに留学し、リスターの方法を伝授されて帰ったのは、それから三、四年後のことである。

教授の中でとくにハワード博士はオスラーのみでなく、一般学生からも厚い信任をうけていた。講義は細心の注意を払ってつくり、かつ精確な内容をもつものであった。

病理解剖にも興味をもっていた。彼は病院の忙しい仕事以外に、文学を研究し、すばらしい論文を書いた。

オスラーは彼の内科の講義はとくに熱心に聞いたが、法医学・薬物学・化学・精神病学等の時間は退屈していたようすである。そんな時間のノートには、ボヴェルの名の落書きが盛んだった。

ハワード教授はオスラーの才をとくにみとめ、個人的に親しくしてその家に出入りすることを許した。日曜日の夕食にはオスラーはよく招かれた。

モントリオールに移ってからもジョンソンとの交わりは相変らず続けられた。そのころのジョンソンは大司教と意見が合わず、――彼は神学上のことではとくに議論好きであった――また自分の始めた医学校は一八七〇年に取り上げられたのでポート・ホープに移っていた。彼は自分の苦境をオスラーに知らせて煩わすことを避け、手紙ではもっぱら採集した標本を中心に、これに対する知見のやりとりをした。このころは顕微鏡のことでは、どちらかというとオスラーのほうが指導的な位置にあった。

ジョンソンがただオスラーと離れて秘かに案じたことは、彼が宗教や教会から離れるようなことはないかしらということであった。そして手紙の中にそちらの教会の消息を尋ねたり、またあるときはテイラー著の『聖なるもの』を送って、ぜひこれを毎日少しずつ読むように奨めたりした。

ジョンソンが心配しなくても、オスラーはこの大学時代には毎日曜日のように近くの聖ヨハネ教会に出席した。この教会のウッド牧師は、医者や医学生からは厚い信頼をうけていた人である。学期試験のシーズンと四旬節とはよくかち合ったが、彼はどんなに学校が忙しくても教会生活を守り通したのである。オスラーが後になってこの町を訪れたときは、いつも大学とともにこの教会を訪問した。

卒業期が近づくにつれて、オスラーの生活はいよいよ多忙になった。在学中あれもこれもとやりたいことが多く、重なる卒業試験の準備もなかなか煩わしかった。卒業後の指針を決めかね、心がふさぐ思いになっていた時、たまたまパルマー教授の私宅のライブラリーで手にしたカーライルの本の中の次のような文に出会った。

――われわれのまずなすべきことは、ぼんやりと遠くにあるものに眼をやるよりも、明瞭に手近にあることに最善をつくすことである。――

オスラーは、その生涯の中で、心に迷いが生じるといつもこのカーライルの本をとり出して、今あげた文章を繰り返し口ずさんだ。

オスラーの成績はこの大学でも目立ってよかったが、卒業時には病理の特別な研究を発表して、特別賞を授与された。これは印刷はされないままであったが、病理関係の仕事としては、オスラーの最初の研究である。

オスラーが五十歳のとき、みずからの学生時代を回顧して、学生に講演したものの中には次の言葉がある。

――私は学校時代には、本よりもいたずらがすきであった。しかし、医学に興味を覚え始めた日から私はただ医学へのひたすらな想いで生きてきた。もし私が人から成功した医者と呼ばれるならば、それは与えられたその仕事を忠実に、正直に、かつまた力いっぱいにやったことの賜《たまもの》である。――

彼はまた自分の経験を通して医学生に次のメッセージを送っている。すなわち

(一) 誘惑からの超然の術。
(二) スケジュールを立てて系統的にやる術。
(三) ものに徹する性格。
(四) 謙遜の徳。

この中でとくにその第一のことについて次のように述べている。

——第一のことは若いものが遭遇する享楽や誘惑から逃れようとする能力である。しかし人間は元来怠惰な具現であり、これは人間のエデン的性格の名残りである。しかしこれはすべての人びとの心の底に深くひそんでいるものである。仕事もし、楽しみもするといった両刀使いはまれにはあるが、多くのものは誘惑に陥ろうとするアダム的人間性と格闘しなければならない。

楽しみを軽蔑し、苦難の道を歩むことは容易な業ではない。とくにはじめて大都会の生活をする医学徒諸君に、今に多くの誘惑がおしせまってくるであろうが、これをふり切ることは困難な仕事である。これらの誘惑や享楽から逃れる術を獲得するために、各自が訓練をうけるのであり、これによってめいめいはおのずと自制のすべを獲得し、きびしい人生の現実に入っていくのである。——

オスラーは一般文化にも通じ、科学者としてはまれにみる該博な教養を体得していった。そのことは彼の生い立ち、環境、形而上学に造詣の深かったジョンソンやボヴェルへの師事ならびに彼自身の非常な読書力によるものである。

あれほど忙しい大学生活の間に、いつそんな余分の本を読む時間があったのであろうか——これは同僚の誰もが不思議としたことであるが、オスラーが消灯前の三十分間はかならずベッドの中で読書したことによるのである。これは彼の特徴ある習慣として、この大学時代から、終生の長きにわたって守り通されたことである。彼が「医学生のための就床時の図書」として講演集『平静の心』の付録に書き上げた本は、おそらくは彼が大学生時代に毎晩床の中で読んだ本の中からとり上げたものであろう。

英国・欧州の留学時代（一八七二—一八七四）

当時カナダの医学校を卒業したものは、さらに英本国に渡って仕上げをするのがふつうであった。ウィリアムの父は、息子を英国に留学させる金がなかったが、すぐ上の兄のエドムンドが、一千ドルの金を都合してくれた。喜びにあふれたウィリアムは、一八七二年七月三日に乗船して英本国におもむいた。彼はひとまずロンドンに落ちつき、その夏はエジンバラやその他の街々を見物してまわった。彼の遺した手帳には、そのころの旅の支出が細かく記入されてある。これによると相当節約した旅であったことがうかがわれる。

その秋から約一カ年の間、ロンドンのユニヴァーシティ・カレッジのサンダーソン教授のもとで生理学を研究した。ここで研究することになったのは、オスラーの尊敬していた眼の専門医ボーマン教授のすすめによるのである。オスラーは大学を出たころには眼科を専門にしようかと考えていた。しかしこれは彼が臨床家として立つために選ぼうとした道ではない。実のところ研究室で、こつこつ仕事をやることが彼の本望であったが、そのころの事情では、基礎医学で生活をすることはむずかしく、生活費をかせぐためには、どうしても診療に従事しなければならなかった。そこで彼は、眼科をやればてっとり早く一人前の専門医になれるし、開業しても相当暇ができよう、その余暇を利用すれば、好きな研究もできると考えたのである。

そのころのモントリオール大学の教授の中にはオスラーの才をみとめ、将来彼が母校の指導者となることを望んでいたものがすくなくなかった。しかし彼が眼科の専門医となれば、すでにこの方面に先輩の教授がいるため、大学に入り込む余地がなかった。そこでむしろ生理学、とくに臨床と基礎医学との橋渡しとなる応用生理学の教授となり、新分野を開拓することが彼に期待されたのである。

しかし生理学を専攻するとなると、相当長い研究生活を要し、彼としてはわずかばかりの手持ちの金ではどうにもならなかった。彼は大学の教育主任のキャンベル教授、内科のハワード教授に返事を書き、大学のほうで長い研究生活の間、経済的に自分を援助してくださることができなければ、一般臨床家として身を固めるために、臨床の各方面にわたたって勉強するよりほかはないと述べている。

また一方、ドーソン学長は自分の受持ちの植物学の講座を彼にゆずろうとして交渉したが、オスラーはこの大学教授としての正式の招聘を即座に辞した。これは植物学は彼の専門でないという、学者としての良心的な理由によるものである。植物学と彼とは実に不思議な縁があった。というのは彼に最初に声がかかったのは植物学の教授の地位であり、また彼が公職として生涯の最後にうけた役は英国植物学会の会頭であった。

当時サンダーソン教授は、組織学的方面から生理学を追究していた。この行き方は、顕微鏡の世界と親しんできたオスラーには最適のコースであった。彼は組織学から生理学に、さらにまた実験病理学へと進んでいったのである。

サンダーソン教授のもとでやった研究のメモは、今日なお遺されている。ノートの最初には「炎症を起させた蛙の眼の前房の所見」が書かれている。その当時は今日のように生理学と病理学とは、はっきり区別されていなかったようである。

オスラーはこのような研究をしながらも、研究所の向いの大学病院でジェンナー、フォックス、リンジャー、バスチアンらから臨床医学の指導をうけた。彼はフォックスが患者や学生に示した、実に親切な態度をのちのちまでも忘れなかった。生理学と病理学の基礎に立った臨床医学は、彼にはまことに興味深かった。一時は、臨床の実力をつけてからボヴェルの任地の西インド諸島に渡り、医療に奉仕しようかと思案したこともあったが、一八七三年の一月に従姉妹のジェネットに送った手紙には、カナダこそは自分の将来の任地であると考えると書いている。

一八七二年のクリスマスの休暇には、イングランドの東海岸近くに旅し、ノリッジを訪れた。そして『医師の信仰』の著者トマス・ブラウンの墓にもうで、彼の遺品や頭蓋骨を見た。

一八七三年六月から十月までは血液中の血小板の研究に熱中した。血小板についでは、そのころまでに二、三の学者の研究があったが、これを流血中にみとめてくわしく記載したのは青年医学徒オスラーの大きな業績である。この発表がなされるや、彼の評判はとくにモントリオールではたいへんなものとなった。

当時彼は専門の研究以外に英文学を研究し、またドイツ語を勉強していた。

ロンドンの冬は長く、かつ寒かった。オスラーは欧州にも渡りたかったし、また必要な医学書はなんとかして求めたかったので、暖房その他の毎日の生活費はできるだけ節約した。一八七三年一月十二日付の母への手紙には、こうある。

——ロンドンでは石炭は高くなって、朝と晩としか火がたけないのです。しかしこれがもっと高くなると、貧乏人はどうするでしょうか。——

一八七三年の十月、彼はロンドンを発ってベルリンに向った。そこでは英国とは趣きを異にしたすばらしいドイツ医学の世界が彼の前に展開された。

当時ベルリンには、病理学や内科にはウィルヒョウ、トラウベ、フレリックス、外科にランゲンベック、生理学・物理学にデュボア＝レイモン、ヘルムホルツなどの大家がいた。これらの学者は一つの病院に集まっていた。学生はここで臨床の講義や実習指導をうけるのである。ここには基礎医学のために立派な実験室の設備もあって、学生は自由にこれを利用できた。

オスラーがドイツに赴いたころ、学生の間では決闘はようやく下火になっていたが、額に傷痕をもつ学生は相当みられた。これらの学生の間ではオスラーが学生時代にやったフットボールやクリケットのような運動競技ははやっておらず、むしろ彼らは余暇にはレストランの一隅に陣取って、議論したりだべったりしていた。しかし勉強となるとみんな実によくやっていた。

当時ベルリンの医学界のピカ一はなんといってもウィルヒョウ先生であった。当時五十二歳の働きざかりで、背は低いが弾力性のある体つきをしていた。オスラーの眼に映ったウィルヒョツはいかにも精力的であり、彼はその多才と博識とに心をうたれた。この病理学者はじつに世界各地から多くの学徒をベルリンに集めていたのである。ウィルヒョウは病理学の講義もやり、また毎週月曜日にはみずから剖検をやった。彼の剖検ときたら、じつに綿密で、三時間も四時間もかかってなされることがまれでなかった。

オスラーはベルリンで約三カ月の間、基礎や臨床の見学をしたのち、ウィーンに向った。一八七四年の元旦をこの地で迎え、爾来四カ月間、ここの総合病院で臨床の見学をした。彼はドイツ滞在中の見聞記を時折りカナダ医学雑誌社宛に寄稿した。その誌上に患者二千名を収容するこの総合病院のことや、講習をうけた毎日のスケジュールがくわしく掲載されている。

午前八時半から皮膚科のヘブラ教授の回診。九時から臨床講義。隔日にバンベルガー教授の診断学をきく。十時からは同じく皮膚科のノイマン教授の臨床。ここでは鑑別診断についてのこまかい指導がある。十一時、小児科のウィーダーホーフェル教授の臨床講義。十二時、耳鼻科のポリッツェル教授の臨床指導。午後一時、産科のブラウン教授の講義と臨床。二〜四時の間に食事をとり、四時から喉頭鏡の実習。五時、産科の手術。

以上のように朝から晩までぎっしりつまって、外科に出る暇があまりなかったが、ときにはビルロート教授の手術室にも出入りし、また病理のロキタンスキーの指導もうけた。以上の講習は数週間にわたって行われた。

ウィーンでとくに優れていたのは皮膚科と産科とであり、病理や内科などはベルリンにはおよばなかったとオスラーは書いている。

彼は三月下旬に美しいウィーンの街を去り、パリにちょっと立ち寄り、四月上旬にはロンドンに帰った。ここでしばらくの間、サンダーソン教授のもとでの研究をまとめたのち、いよいよ故郷のカナダに帰ったのである。

マギル大学に招聘（一八七四―一八七五）

オスラーは在欧中、医学書をできるだけ買って帰りたかったが、金がないために断念した本がすくなくなかった。故郷のダンダスに帰ったとき、彼のポケットには一文の金もなく、翌日からの生活費にさっそく困った。そこで彼はとりあえず自宅診療をしばらくやり、またハミルトンの先輩の開業医の手伝いをしたりした。

そんなにして二カ月ばかりすごしたとき、マギル医科大学のパルマー・ハワード教授から、大学は彼を生理の講師として招聘したいとの手紙をうけた。オスラーは、そう長く生理学を専攻したわけでないので、その方面の専門家として赴任することが分を越えているように感じ、いくらか躊躇したが、ついにこれを引き受けることにして、次の返事をしたためた。

——私は自信をもってお引き受けすることはできませんが——しかし引き受けるかぎり、将来相当立派な講義を用意する心構えでおります。……私が講義したり一般診療をやりながらも、立派な研究業績をものにしうるかどうかは、私自身のこれから先のあり方いかんによるのです。そのために、もちろん私はできるかぎりの努力を惜しまないつもりです。——

八月に入るといよいよ彼は大学のあるモントリオールに出かけ、下町のある家の一室を借りうけた。自宅診療の看板もさっそく掲げた。しかしそのほうはいっこうにはやらなかったようすである。

彼の家計簿にはつぎの支出が書かれてあった。

赴任汽車賃	一二ドル五〇セント
机と椅子代	一二ドル五〇セント
書　棚	一二ドル五〇セント
石　炭　一トン	八ドル
牧師への寄付	三ドル
本　代	二〇ドル
部屋代(一カ月分)	一〇ドル

彼はいよいよ一八七四年九月から、母校で医学原論の講義を始めることになった。

彼の最初の講義の時間は、学生に非常に深い印象を与えた。当時の学生の一人であったボーモント・スモール医師は、そのときのようすをつぎのように記している。

――オスラー教授は真面目な表情をして、少し速足で、また活発に、しかもふくみのある歩きぶりで入って来た。

そのようすから、彼がその講義を重大視していることがみんなに感ぜられ、同じ感情が一同に通じた。彼は短い言葉で新しいクラスを歓迎し、それから彼の方針を述べ、また学生に何を期待するかを短く語った。最後に、講義にはよく出席し、心して聴くように注意を与えた。

われわれは彼の生涯を通じて彼の特長とされたあのもの優しく、親切な態度にふれたのである……。

講義は医学原論という古いエジンバラの言葉の説明から始まった。ついで有機物と無機物、植物と有機物の生活、生活力などについて簡単に述べられ、つぎに細胞の生活について、最後に講義の大略がつけ加えられた。この最初の講義以来、生理学の時間がいちばん魅力をもち、講義は神への道が説かれるような気がした。

またその当時のことを回顧すると、一八七六年〜七七年はマギル大学のルネッサンス期であったように思われる。この大学の改革には、ロス、ロディック、シェファード、ガードナーらの新鋭学者も幾分寄与したが、オスラー博士はじつにその原動力であった。

これらの運動がキャンベルやホワード教授の支援を得て、この大学はいよいよ発展していったのである。――

オスラーは医学生を、主として講義によって教育するというその当時のやり方を、かねてから不満に思っていた。しかし学校の方針により講義を引き受けた以上は、とにかくこれを立派にやり通すために非常な準備をした。勤勉こそは、自分に与えられた唯一の才である、と彼はよく告白している。

最初、彼は講義する以外に仕事はなかったが、臨床や病理に非常な興味を持っていたために、モントリオール総合病院の病理解剖をみずから進んでひきうけた。

一八七五年にはモントリオール総合病院に悪性の痘瘡の流行をみたが、彼は痘瘡の隔離病舎の勤務を申し出た。痘瘡といえば、当時は種痘も強制されず、患者の隔離もまれにしか行われなかったために、防疫の発達したボストンなどをのぞく、アメリカ・カナダの各地方には毎年この流行がみられた。

オスラーが一八七七年一月号のカナダ内科外科雑誌に発表した論文「出血性痘瘡」によると、一八七三年十二月からの一年七カ月の間に、このモントリオール総合病院に入院した患者数は二百六十名にものぼり、その中の二十四名(九・二三%)は死亡したことになっている。

この痘瘡流行の期を利用して、彼はできるだけ多くの剖検を試み、多くの論文を書いた。ときにはボストン大学にまで赴いて、ボウディッチ教授の指導を仰いだりした。

痘瘡の病棟で研究中、彼は何回となく自分に種痘を繰り返したが、いつも不善感であった。ところが一八七五年の十二月にはついにこの病気に感染してしまった。このみずからの経験から、種痘の不善感はかならずしも免疫性を示すものではないことを、後年よく若い人にいって聞かせた。

痘瘡については、オスラーにつぎのような美談がのこされている。

一八七五年の秋、モントリオールのあるクラブで差向いに食事していた見知らぬ若い英国の青年が、体の具合が悪くなり、彼の世話で入院することになったが、不幸にして死去した。彼は客死した青年の家族を想い、未だ知らないその両親のもとに手紙を書き、病状や短い入院中のようす、臨終の言葉を仔細に知らせた。死の前日に青年はオスラーを呼んで、「私の聖書に母が印したイザヤ書四十三章を読んでほしい」といったこと、その翌夜急に容態があらたまり、患者みずから最後のお祈りを捧げ、オスラーに「ありがとうございました」と感謝して召天したことなどが手紙に書かれたのである。

オスラーはクリスチャンとしてできるだけの友愛を彼に捧げて不幸な青年を看護し、慰め、またその霊前に祈りを捧げたのであった。ところが、この手紙を書いてから三十年も経ち、彼がオックスフォード大学の欽定教授となったとき、不思議な縁でこの青年の姉に邂逅した。

「母がどんなにか先生にお目にかかって、あのときのようすを聞きたがっていたことでしょう」と語った婦人の言葉に動かされ、彼はわざわざ英国の南部に住んでいたこの老母の家を訪れた。そのとき彼は、モントリオールからわざわざとりよせた青年の墓の写真までもたずさえていたのである。

さて生理学の方面で、彼はどんなふうに学生を指導していたであろうか。彼は赴任した翌一八七五年の春には、ドレイク教授の後任として正式の教授に任命され、医学原論を担当した。

彼は学生のためにパリから顕微鏡をとりよせて、顕微鏡を無視した医学教育の欠陥をあらため、生理学と病理学の真髄を教授した。

その当時学生は月謝を直接先生にさしだし、その中から先生は講義に必要な材料や、設備を求め、残りを生活費としてとるのがならわしであった。オスラーは、その収入の多くを学生の教育に捧げた。

――「顕微鏡が破損したり、それを修理したりすると、私のポケットには少しの金しか残らなかった」――彼はとくに親しくしていたハワード教授に借金に出かけることさえあった。

――「そのころ、私は慢性貧乏症を病み、急性の貧乏発作に悩まされた」――とオスラーは後になって語っている。

彼は学生のために、それまでになかった研究室や実習室を完備させようとして、ずいぶん骨を折った。学会にはもちろん欠かさず出席し、諸医師の臨床報告にはできるだけその病理所見を書きそえて、病理学者の新しい道を示した。それにまた方々の大学に出かけて、学者としての交友をひろくし、よいものはできるだけ吸収し、また一般開業医とも親しく交わった。

学生の会合にも努めて出席し、機会あるごとに彼らを激励した。また学生や友人には、よい本の紹介の労を惜しまなかった。

彼は学生の前で、講義以外の機会によく講演をした。一八七五年の三月に巣立つ学生を前に行なった告別演説は、その生きた教訓のために――彼はけっして能弁でもなく、美辞麗句を並べることもしなかった——学生の魂を強く感動させた。

彼は、学生に向って、在学中の訓練がいかに不完全であるかを指摘し、それゆえに諸君は卒業後もすべからくつねに学生たるべきことを説いた。医学は法律や神学と異なり、たえず進歩する科学であり、この前進する科学におきざりにされないように、たえず本を読み、学会にも出、新しい報告も聞くように努力すること——すなわち月刊雑誌とともにあることの必要を強調したのである。

彼は当時、雑誌クラブを組織してこれを主宰し、フランスやドイツから新刊雑誌を集め、会員の間で回覧させていた。

また人が成功するのは学位よりも、めいめいの態度であると忠告している。彼は尊敬してやまない医師トマス・ブラウン卿の言葉——「人は両替屋のごとき心にて科学の宮に入ること能わず」——を科学する学徒に与えた。

さらにまた、医者として貧しい者を援《たす》ける義務、医者としての生活、医者同士間の問題などをとり上げ、最後に節制を説いた。有望の士が酒で失敗した例のすくなくないことを述べ、学生に節酒の必要を説いたのである。オスラー自身はというと、まったくの禁酒家であった。

モントリオールの教授時代にもジョンソンとの交流は依然続けられていた。休暇を利用してウェストンに出かけ、当時、その妻と別居して淋しく暮していたジョンソンを慰め、またたずさえた吸虫類の標本について、論じ合ったりした。またあるときはジョンソンがモントリオールまで出かけてくることもあった。そして日曜日にはきまって教会に出席するオスラーを見て、ジョンソンはうれしく思った。

独身のオスラーは、研究の余暇には、同じ街にかねて住んでいた従姉妹のフランシスのところに出かけ、その子どもたちと戯れることがよくあった。そこにはやはり従姉妹のジェネットも同居していたので、彼はその中の家族的な和やかな雰囲気の中で心を休めることができた。

彼には同輩はもとより、先輩とも数かずの親しい交わりがあったほか、どこの子どもからもすぐになつかれ、そのよい遊び相手となった。子どもたちはすぐにオスラーを「ちぢれ毛の小父さん」とか「ふくろうの眼の小父さん」とかのあだ名で呼ぶようになるのである。

人を愛したオスラーは、またすべての人から愛されたオスラーであった。

病理学から臨床へ（一八七六―一八八三）

そのころ……すなわち今から約百二十年前までのモントリオール総合病院では、入院患者が死ぬと、その主治医が剖検を引き受ける慣わしであったが、一八七六年五月からは、オスラーが専門に死体の病理解剖を引き受けることになった。それから以後、彼がペンシルヴァニア大学に転任するまでの八年間、彼はこの大学で病理方面の研究を続けた。病理解剖が臨床家にとってどんなに意義のあるものか、またよき臨床家たらんとするものは、すべからく病理学の基礎の上に立つべきことを、オスラーはみずからの経験を通して、いつも人に語った。後には臨床家として輝かしい地位をえたオスラーの成功の鍵は、彼の病理学の深い知識にあったといえよう。

今日のアメリカ医学の一つの特長は、臨床病理が普遍化され、また高く評価されていることである。臨床の世界に病理学をとり入れて、これを基礎づけ、説明し、また探究する、――こうした傾向は、今日アメリカ医学にはいよいよ強くみられるのであるが、これには開拓者オスラーの貢献が大きく評価されねばならない。

オスラーが病理学に強く惹かれるにいたったことは、短期間といえ、ドイツ滞在中のウィルヒョウの感化が大きい。

医学原論の時間に、彼は生理の講義のほかに病理の標本を供覧したり、またその週間に行なった剖検例の中から面白そうな三、四の例を選び、これについて講義や説明をしたり、またごく自由なやり方で学生と質疑応答のやりとりをした。オスラーの弟子の一人は、そのやり方がウィルヒョウばりであったと述べている。

そのころはこうした病理学の講座は、正式の学課課程になっておらず、選択課目となっていたが、基礎をすませた上級の学生も、オスラーのこの時間には好んで傍聴した。オスラーはこの時間はごく自由に語り、その内容はあらかじめ四〜八頁のものにプリントして、時間の終りにこれを学生に配るのであった。

オスラーは同僚のロス教授やシェファード教授とともに、学制や教育方針の改革に心を用いていたが、一八七六年の春休みと、翌七七年の春休みとにはボストンに行き、当時もっとも代表的な、また進歩的な医学校とされていたハーバード医科大学をおとずれて、生理のボウディッチ、科学のウッド、病理のジャクソン、解剖のホームズ教授らの教授ぶりを見学した。

一八七七年オスラーはモントリオール大学の学生監に任ぜられ、入学志願の学生には一人ひとり面接し、学期初めには新入生を集めて入学の心得を話し、また改革された学制等を学生全体によく話して聞かせるのであった。

オスラーは新しく入学した学生でも、その名前と顔をすぐにおぼえこむという才があったので、この役は彼にはまったく適任であった。また初対面の学生にとって、オスラーの風貌と性格とは非常に印象的であった。このころのオスラーは写真によると頬のやせ落ちた、影の深い顔をしていたが、動かない写真の表情からはとうてい想像できないほどの優しい心の持主であり、またあいかわらずの茶目っ気なところもあった。書類を片腕にかかえて、そのバネのある足取りをとめては、よく学生に会釈した。オスラーはつねに若いものの心からなる友であった。

彼の生理、病理の実験室は年とともに完備された。痘瘡病舎の勤労手当として得た六百ドルを投げ出して買った十五台の顕微鏡のほかに、三台のミクロトーム、一台のキモグラフその他がととのい、しだいにハーバード大学のレベルに近づくのを彼はどんなにうれしく思っただろう。

生理の実験のために、いろいろの装置を用意することには、オスラーとしてはあまり得意ではなかった。それは主として顕微鏡を通して組織学から生理の領域に進むといった英国式の指導を、オスラーがサンダーソン教授のもとでうけたことによる。この点はドイツ学派とは大いに異なるところである。ドイツでは顕微鏡は最初から病理学者の道具とされていたからである。

一八八一年の秋には、若くはあるが有能の学徒ウェズレー・ミルズを助手とし、学生の組織学実習を手伝わせた。オスラーはこのころ、生理学、組織学についての学生用の手引を準備した。この本の冒頭には顕微鏡の操作法がとくにくわしく説明されている。またオスラーはそのころ、顕微鏡の照明について新しい工夫をこらし、血液像の鑑別に大いに貢献した。

オスラーは一八七四年の暮から博物学会に関係し、この学会のために尽力した。またその会員の若いものの中で、顕微鏡クラブをつくり、みずからその会の初代の会長となって研究会のようなものをもっていた。「医学における顕微鏡」と題した課外講座を有志のため行なったりした。彼と顕微鏡との間には医学校入学前から、じつに切っても切れない縁があったのである。

オスラーは先に述べたように、同僚の間で雑誌クラブをつくったが、上級の医学生のためにはマギル医学会をつくった。その会長は自分で引き受けたが、幹事は学生の間から選ばせ、学生の手でこの会を自治的に運営させた。

一八七七年三月、この会の発会式に際してのオスラーの言葉を、弟子のボーモント・スモール博士は、つぎのように回顧している。

——この会は在学中の学生にいかにして論文を準備すべきか、いかにしてめいめいの意見を正しく表現するか、などを学ぶ機会を与えるものであり、卒業してからは、こんな機会はまたと得られないものである。この会において諸君は討論の術を学ぶことができるのである。——

またこの会では、古くはシェークスピアから新しくはディケンズまでの諸作家の名文を読み上げるというような文学的な試みもなされた。オスラーの文章がとくに名文とされるのは、こうした彼の努力が、単に学生のためのみでなく、みずからの訓練のためにも向けられていた結果によるものと考えられる。

このころのオスラーの生活は多忙であった。医学校の学生監、モントリオール総合病院の病理検査の担当、博物学会の幹事、カナダの内科外科学会の幹事、外国雑誌の紹介、カナダ医師会会報の編集、彼自身の病理学ならびに苔蘚虫に関する研究、そのほか、彼はモントリオールの獣医学校の生理教授も兼ね、比較病理学の方面の研究などにも従事していた。

一八七七年三月の獣医学会では、そのころまで知られなかったある線虫類による犬の気管支肺炎について報告した。これは後に(一八七九年)コボルドによりFilaria Osleriと命名されたものである。比較病理学の方面では、このほかに豚コレラ、包嚢虫病、牛結核等についての研究を発表した。

一八七七年九月のカナダ医学総会では準備委員長となり、またアディソン病、悪性貧血症についての報告を行なった。

同年十二月にはマギル総合病院での一カ年の病理報告をまとめて出版した。これはかつてはトロント医学校病理学教授だった彼の師ボヴェル先生に献げられている。この本の巻頭には病理学者ウィルクスの言葉がひかれている。

——病理学は一般医療におけるあらゆる真の指導の基調となるものである。——

オスラーは一八七七年の秋には、聖キャザリン街にある同僚のフランク・ブラー博士の二階に移った。ここには彼のほかに二人の医学生、ロジャーとオグデンが下宿していた。ロジャーはオスラーと同年で二十八歳だというのにまだ医学生であった。彼はウェストンの学校ではオスラーと同級だったが、ずっと後になってから医学校を志したのである。

この三人は毎朝いっしょに朝食をしてから出かけた。二人の眼に映るオスラーは、いつも愉しそうで、またいつだって心の乱された風がなかった。朝食の用意をぐずぐずするスローモーションの召使いに対して、ときにむかっ腹を立てるのが関の山で、およそ人に対して怒鳴ったり、興奮したり、悪口をいったりすることはなかった。人の悪口をいうのを側で聞くことさえ嫌いなオスラーであった。

この二階の一室を、彼は書斎兼客間兼寝室としてしばらくの間生活した。朝の七時半にはきまって起床し、夜の十一時には消灯、その前の三十分はかならず医学以外の趣味の本を読むのであった。

学生のオグデンがここに引っ越してまもないある夜、オスラーはとつぜん彼の部屋をおとずれた。床の中で読書をしている彼の手から生理の本をとりあげ、これもよいが床の中では文学の本を読むようにとすすめて、彼の本棚の中からドイツの小説家ホフマンの『黄金宝壺』をとり出して彼に手渡した。それからオスラーはトマス・ブラウン卿のことを語り、その話に熱中するや、下の自分の部屋に降りて、ブラウンの著書のコピーをとって来て、読んで聞かせるのであった。学生のオグデンは、このオスラーの心を割った親しい態度にひどく打たれたと告白している。

彼の部屋には大きな机が真ん中におかれ、その上や周囲の床の上には、いつもたくさんの書籍がつまれていた。この部屋では患者を診察することはめったになかった。そのころのオスラーは学校その他からの収入で、なんとか生活することができたようすである。

オスラーは生理や病理の畠から、いつも臨床を興味深く観察していた。彼の臨床病理学に関する研究や、また、しばらくの間とはいえ、痘瘡病舎での勤務中に示した彼の臨床の腕は、すでに一般の注目をひいていた。

治療医学に対しては、どちらかというと、あまり薬効を信じない医者の一人とみなされていたが、そのオスラーが一八七八年にはマギル大学の内科のドレイク博士の後任として、内科専門医に推薦されたのである。このことには学生の側からの支持も相当あったらしい。

そこでオスラーは、内科の専門医として王立内科医師会(Royal College of Physicians)の会員たる試験をうけるためにロンドンに渡った。三カ月の滞在中、ここの諸大学に行き、内科の教授方法について見学をした。リンジャー、ロバート、バスチアン教授らの指導も受けた。彼の終生の友であったシャーキイとサヴェイジとの二人にもこのとき知遇を得た。サヴェイジはベツレヘム王立病院の内科医であり、とくに精神病の方面に造詣が深かった。オスラーの精神病方面の知識は、彼に負うところが多い。

オスラーはその後五年ごとに英本国を訪れることを楽しみにしていた。彼自身このことを「五年ごとの脳の塵払い」とふざけていっていた。

彼がいよいよ内科医として立つことになると、彼より先輩の内科医は、基礎医学から鞍替えをやったこの若い教授が、どんなことをしでかすかと、非常に興味をもってみまもっていた。

オスラーはかねがね、臨床医が薬を乱用して、そのためかえって病気の自然の回復をさまたげることが多いことを、医療界の大きな誤りと考えていた。そして人間の病気の多くは、自然に回復するものであるという考えを抱いていた。

彼は病院の一病棟を引き受けることになるとすぐ、不必要なものをすっかり病室からとりのぞき、そこを明るい、朗かな、清潔な憩いの部屋としてしまった。そのあげくに患者をそこに迎えた。彼の持論通りに、薬はほんの少ししか使わなかったが、いままでは死ぬと考えられていた慢性の患者までもが、どんどん回復していき、激励するオスラーの明るい言葉に患者は力を得た。古い患者は姿を消し、新患が入っても、長くとどまることはなかった。

――この革新には驚くべきものがあった。このことは治療上、この上もないよい教訓となった。

この奇蹟を眼にしたロージャー博士は、そのときのようすをこのように述べている。オスラーは春から夏にかけてはモントリオール総合病院で内科の臨床指導をやり、秋から冬にかけては、生理学、病理学の講義を行なった。

彼の臨床や、臨床検査法の指導はじつに念が入ったもので、学生の手をいちいちとるようにして教えた。聴診や打診の指導には、ギー著『聴診及び打診』をテキストに選んだ。

彼は臨床指導のかたわら、学生に絶えず科学の精神や、知識の真髄を話して聞かせるのであった。

――本当の知識とは、人がこれを使用しうる知識であり、かかる知識こそ生命をもち、発展し、これから実行力が生れるものである――との古人の言葉をひいて学生を教えた。

彼は一つの症状や現象を述べるときにも、これを発見したり、記載した学者の名をあげ、知識を歴史に結びつけ、学生の興味を呼び起しつつこれを理解させることにつとめたのである。

一八八〇年という年は、オスラーにとって最大の不幸が二度までも見舞った年である。

ジョンソンは痘瘡をわずらった後健康がすぐれず、ボヴェルもこの消息を知り、カリブ海の孤島から彼の身を案じていた。ところがそのボヴェルが、一八八〇年の一月、七十四歳の誕生を迎えた後、卒中発作で彼の教区の孤島で急逝した。ついでジョンソンも同年の十二月の暮れに六十五歳を最後に、淋しくこの世を去ったのである。

父と仰ぎ、師と慕い、またのちには心の友として交わり、科学の精神を論じ、生物の世界に遊び、魂の問題を語り合ったこの二人を相前後して失ったオスラーの心の傷手と淋しさは、どんなだっただろう。

一八八〇年には、彼は過去三カ年の病理解剖の所見を一冊の本にまとめた。タイプライターなどの文明の器械のなかった当時には、その労力は大したものであった。この間に彼は大脳の局所解剖学に関する研究も行なっていた。脳の解剖についてはオスラーは終生興味をもっていたようである。

一八八〇年九月のカナダ医学会では、痙攣性脊髄麻痺を報告した。翌一八八一年一月にはニューヨークの病理学会で潰瘍性心内膜炎を報告し、そのさい弁膜に付着した凝塊中にある細菌をみとめたことを発表したが、このことは一般からはなお疑問とされ、公認されるにいたらなかった。

一八八一年の夏には、国際医学会がロンドンで開催され、全世界から三千名の医学者が参集した。オスラーはハワード教授とともに大学を代表してこれに出席した。この会ではウィルヒョウ、ビリングス、ハックスレーの特別講演、最後にはパスツールの「ワクチンと疾病予防」についての研究報告があった。

オスラーは、その生理の分科会では、ゴルツ、ブラウン＝セカールによる脳の研究を興味深く聞いた。

この時行なったオスラーの発表は一般の注目を惹き、これが後に彼をペンシルヴァニア大学に招聘させる機縁ともなった。

病理の分科会では結核についての討論がさかんに行われたようすである。

当時ロベルト・コッホはまだ若年の学者であった。彼による結核菌の発見はその翌年になされたのである。パスツールは、多くの疾患は微生物の感染によるとの説をこのとき発表したが、オスラーは細菌学のテクニックにあまり通じていなかったため、細菌学に対する興味は当時それほどなかった。

この年の冬、蛙の血液中にトリパノゾーマの一種を発見してこれを報告し、また白血球の中で赤血球を喰っているものを観察した。白血球の喰菌作用は、その後四年してメチニコフが発見したのであるが、オスラーは生理的にはこれと同じ現象を、このときすでに発見していたのである。またこのころの彼には、骨髄中の赤血球の成熟についての研究もある。

彼はまた進行性筋萎縮症の遺伝について、また「脳の機能とその部位」について研究報告をし、また犯罪者の脳の研究を行なったりした。

寄生虫に関する彼の研究は依然つづけられ、豚を通して人間に感染する包嚢虫、嚢虫、旋毛虫を追究して予防医学に貢献した。

ロベルト・コッホが結核菌を発見し、人や牛の結核がこの菌による伝染性疾患であるという画期的な発表をベルリンでの生理学会で行なったのは、一八八二年の三月であった。

オスラーはこのニュースを耳にするや、さっそく肺結核で倒れた患者の肺組織中に結核菌を確認し、学生や学会の席上でこれを供覧して見せた。

結核に関して彼の貢献しえたことは、結核撲滅運動を通してである。彼はコッホの結核菌発見前に、牛結核の人間への伝染性を信じ、結核は伝染病であることを学会でも強調したが、細菌学的確証がなく、また当時一般には結核がむしろ遺伝性疾患とみなされていたために、彼の説は受け入れられなかったのである。

このころ、彼はフィラデルフィアから発刊されていた週刊雑誌の「医学ニューズ」から、モントリオール便りの欄を分担することを頼まれた。こうしたことが機会となって、オスラーは、いままであまり縁のなかったフィラデルフィアに知己をもつようになった。

のちに述べるグロス博士との交友は、この雑誌を通してである。

一八八三年六月には、ロンドン王立医師会のフェローに推薦されるにいたった。これは欧州におけるもっとも古い学会で、この推薦は内科医としての最高の名誉である。カナダからは彼と、もう一人彼の先輩に当るオールバット博士だけであった。オスラーが三十四歳の若さでこの名誉を得たことは、当時の学会の話題であった。

心内膜炎に関する研究は、オスラーのもっとも精魂こめた仕事として、その後も長くひきつづいて行われた。彼は本症がいつまでも細菌性のものであると信じた。この方面における彼の業績は、細菌的検索ではなくて、多数の症例より蒐めた臨床所見の記載、ならびに病理学的の追究であった。今日「オスラーの結節(Osler's nodes)」として教科書に残されている記載も、その中の一つなのである。

滞独中の決意（一八八四）

オスラーはモントリオールのマギル医科大学で、生理学も組織学も病理学も、一人で受持ち、その講義だけで精力の大部が消耗されるように感じた。彼としては、病理学をもっと専門にやりたいと思っていたが、いろいろの関係で許されなかった。

彼はドイツにはかさねて遊学したいものと希っていたが、一八八四年の春、ついにその機会が与えられた。十年ぶりに訪れたベルリンの大学や大病院は、その内容、外観ともに非常な変化がみられた。

彼はドイツ滞在中の見聞記を手紙の形式でロスの編集になるカナダの内科外科雑誌に書き送り、またのちには『欧州医学見聞記』として出版した。これには同年五月コレラ研究を完了してインドの旅から帰ったロベルト・コッホ一行の華やかな歓迎晩餐会に列席したようすも書かれている。またある手紙には当時六十有余歳で、なお青年をしのぐ精力を示したウィルヒョウ教授の活躍ぶりも伝えられている。

ウィルヒョウは病理学の研究や講義のほか、人類学にも通じ、またプロイセンの帝国議会下院議員として、当時の議会では大いに弁舌をふるった。また、ベルリン市評議会で下水道設置、その他の公衆衛生上の助言を行なった。彼はまたベルリン医学会長の役をつとめ、病理学雑誌を監修していた。オスラーはこの老師の活躍ぶりをふたたび眼の前にして、どれほど鞭撻されたことであろう。

当時のドイツ内科学会では、伝染性疾患の病因論がさかんに検討されており、オスラーはフリードランデルやフレンケルらの肺炎に対する研究を見学した。

オスラーはベルリンからさらにライプチッヒに移り、ここでまたじつに豊富な、有益な時をもった。彼がコーンハイム、ワイガート教授のもとで細菌学の指導をうけることができたことは、いままでこの方面に経験少なかった彼にとっては非常な喜びであった。

またワグナー教授のもとでは、去りし日のトラウベ教授をしのぶほどの立派な臨床の指導ぶりを見たのであった。ライプチッヒでは生理学の老大家ルドウィッヒ教授に接する機会もあった。

彼が細菌学に興味をもち、これに熱中していた六月のある日のこと、アメリカから不意に電報を受けとった。フィラデルフィアのペンシルヴァニア大学から内科教授として招聘するという電報である。

彼にとっては藪から棒の話であり、しかも在欧中の出来事である。ペンシルヴァニア大学――ここは当時アメリカ合衆国の一流の大学として立派な学者を擁し、研究室や病院も整っていた。カナダの一地方の大学マギル医科大学とくらべて、ペンシルヴァニア大学こそは彼自身の将来をいっそう保証するものであることは疑う余地のないことであった。

しかし、あれほど愛して育くんだ生理、病理の研究室、なつかしい病舎、学制の改革への今日までの努力、愛する弟子や学生、それにまた今日までのハワード教授の指導と友情とをおもうと、彼の心ははり裂ける思いであった。

しかし、すぐに返電しなければならない。彼はポケットから銀貨を一つとり出して、宙に投げた。表が出たらペンシルヴァニア大学に行こう、裏が出たら断念しよう、と。その結果は銀貨の表が拾い上げられて、彼はペンシルヴァニアへの決意を、電報でこたえたのである。

いちばん淋しく思ったのはハワード教授であろう。彼は当時大学の主事の要職にあった。大学当局は、その中にまた彼が復学するかもしれないという希望的観測から、彼の辞表提出後六カ月間は休職のままにして、復学のチャンスを待っていたが、結局彼は去ったまま帰らなかった。

マギル大学での約十年間の彼の業績は数え切れぬほどである。彼は五十年の歴史あるこの学校の建直しのために全力を捧げた。ハワード教授は彼のことを「強力酵素」と呼んで、彼ゆえにこの大学がこれほど内容的に充実したのだといっている。

三十五歳のオスラー教授——この人生の半ばに立った彼オスラーは、ジョンソンとボヴェルを他界に送り、いままたハワードからわかれ、カナダの地を去って、ひとり人生の第二段の道に突入したのである。彼には臨床医としての輝かしい業績や、深い経験はなかったが、彼の発表した数かずの論文、生理学、病理学の基礎、それにあわせて臨床の世界の解決されない問題にこたえようとする彼の意図とが、臨床の教授、しかも一流の医科大学の教授の地位を彼に許したのである。

愛するハワード教授の主催した教職員の送別会は、彼が忙しい働きの余暇に時折り出入りしたウィンドリーホテルで盛大に行われた。学生たちは彼がのちのちまでも愛用した両蓋付の懐中時計を、このときはなむけとして贈ったのである。

オスラーはそのころまだ独身であった。三十三歳のころある女性と交際して、将来彼女と結婚してもいいと考えたことがあるが、相手の女性の父親が賛成せず、お流れになった。その後、モントリオールでも友人や先輩から結婚の話をもちかけられることがすくなくなかったが、一向そうした話に乗り気を示さず、独身のまま任地に赴くことになったのである。

フィラデルフィアには少数の知人はあったが、彼を暖く迎える家庭のあてはなかった。カナダから英国に渡ったとき以上に異郷をおとずれる淋しさがこみ上げてきた。しかし、元気を出して国境を越えた、——眼の前に展開されようとする新しい医学の世界を夢みつつ。

第二章　合衆国時代（一八八四―一九〇五）

オスラー一家

ペンシルヴァニア大学（一八八四―一八八五）

オスラーが、フィラデルフィアに着いたのは一八八四年の十月十一日、土曜の午後であった。ホテルに案内されたが、ひとりきりになると、むしょうにわびしい気持になった。その夕、最初にこの新来の客を訪問したのはグロス博士夫妻だった。その翌日は、南十五番街百三十一番地の古びた三階建ての煉瓦造りの建物に案内され、その一階の二部屋が彼にあてがわれた。オスラーはここで三カ年の間ひとり暮しをしたのである。

この地に着いた最初の日曜日の礼拝には、英国生れのアグニュー博士から招待をうけた。アグニュー博士は教会でオスラー夫妻を待っていたが、意外にも彼はひとりで、書生っぽのように現われた。よもや独身の教授とは思われていなかったのである。

カナダから赴任したやり手の教授とは、どんな立派な学者かと期待されていたオスラーは、その当時の学生たちにどんな第一印象を与えたことであろうか。

背は低く、褐色がかった顔に垂れ下った口髭をもち、古いフロックコートにシルクハット、赤いネクタイ、それに毛糸の厚手の靴下をはいたところは、一見して異国から来た人という印象を与えた。他の大学教授が自家用馬車で、正門から堂々と乗りつけるのに、彼は電車を下りて裏門から入った。左手には弁当入りの小さい黒鞄をさげ、右の脇には本をかかえている。どう見ても大学教授とは思われないみすぼらしさである。

その風采が意外であったこと以上に、その講義ぶりは、学生には普通の教授とは変った印象を与えた。オスラーは医学部のペパー博士とともに内科学の講義を受けもった。ペパー教授が粛然と立ち、秩序整然とした講義を、立板に水の如くにするのとはおよそ反対で、オスラーの教室での態度はきわめて自由であった。よくテーブルの縁に腰をかけ、足をぶらぶらさせたりした。能弁ではないが、冗談やくつろいだ話をした。けっして気どるところなく、またいかに自分が努力して講義を準備したかというようすをかくしたりすることはなかった。

ペパー教授がアディソン病の講義に黄疸の患者を供覧して、その皮膚の色を教えたりするお芝居は、オスラーには真似ができなかった。講義の後には、できるだけ、その病気をもつ患者とか、標本とかを供覧し、剖検後に診断のまちがったことがわかると、すぐ学生や若い医者を集めて、なぜ、その誤診をしたかについて追究し、これを皆の生きた教材とした。

オスラーは内科の病棟をペパー教授と分担していたが、講義以外の時間はずっと病室で時間をすごした。当時たいていの教授は自宅で診療をやり、そのほうがかえって忙しいというものがすくなくなかった。このオスラーの徹底した臨床指導は、ペンシルヴァニア大学の学生には最初かえって異様に感ぜられたほどである。

これまで、学生の教育が教壇上のみからなされていたのとはまったく違ったオスラーのやり方を、学生は非常にうれしく思うようになった。窒息しそうないままでの教育とは反対に、初夏の風が閉された部屋に流れ込むような爽快さを学生は感じたのである。

オスラーの赴任したころ、病院の中で、研究的な仕事をやるものはほとんどなかった。病舎は顕微鏡一台さえなかった。そこで彼は、さっそく病舎内に臨床検査室をつくり、たいていのことはここで検査できるよう準備した。モントリオールにいたときと同様に、ここでも古い因習を破るためには非常な苦心をはらった。

そのころ、ペンシルヴァニア大学では、ハーバード大学を模範として、三カ年教育を実施しようとしていた。これには相当な困難があり、古い教授連は、この改革に反対していた。オスラーはこの三カ年の教育制度の実をあげるために非常な努力をはらった。午後になるとたいていの教授は自宅診療や往診のために大学を退くのであったが、オスラーは病舎か剖検室かで、学生といっしょにすごした。

彼がフィラデルフィアでいちばん親しくしていた友はグロス夫妻であった。ここに来て最初の日曜日の晩餐に招待されたのもこの家庭であった。

グロス博士は、当時アメリカの外科医の第一人者として有名なS・D・グロス博士の息子であり、八年前(一八七六年)、ボストンのグレース・リンジー・リヴィアと結婚して、ウォルナット街千百十二番に住んでいた。老グロス博士はフィラデルフィア訪問の医者は誰彼の区別なく歓迎して連れてくるといった人であったが、若グロス博士も、この父親のよき気質を享けついでいた。そうした家庭に嫁いだリヴィア夫人は、また自然とたくさんの客にもなれ、気持よく客をもてなした。

オスラーは日曜日の午後になると、きまってここをおとずれ、晩餐の御馳走になった。大学が終ってから医学ニューズ社や、図書館へ行く途中にはよく立ち寄って、お茶をいただいたりした。グロス夫人はいつでも気持よく独り身の若き教授を迎え、オスラーの話相手になった。

この夫人が、八年後にオスラーとどんな重大な関係を結ぶにいたったかは、後に述べよう。

フィラデルフィアに来て、オスラーが師と仰ぎ、また先輩として慕ったのはミッチェル博士であった。ミッチェル博士はオスラーより十九年先輩であった。彼はオスラーを息子のようにいつくしみ、この二人の交友は終生続いた。ミッチェル博士はオスラーの滞欧中、やはり欧州にあったが、彼をフィラデルフィアに呼ぶために奔走した人である。ミッチェル博士はクロード・ベルナールの弟子であり、神経学に造詣深く、また文学を愛し、ホームズやゴールドスミスに比肩する文才をもち、医学史にも通じていた。神経学と文学と歴史学、この三つはオスラーが非常な関心をもって進んだ途でもあった。

オスラーがフィラデルフィアに来てからの最初の一年の間に、三つのクラブ――ペンシルヴァニア大学の職員から成る医科クラブ、生物クラブ、マホガニークラブ――に関係し、できるだけ広い交友をもった。

フィラデルフィアにはフィラデルフィア医師会の図書館もあり、夕刻には、よくここをおとずれて、ひろく読書したり、調べものなどをした。また毎水曜日にはヘス氏の事務室をおとずれて「医学ニューズ」の編集を助けたり論述等を書いたりした。当時誌上にEgerton, Y. Davis(元合衆国軍医)の名が見られたが、これはオスラーの匿《とく》名《めい》である。彼はこの匿名でずいぶん思い切った研究批評や、時評等を書いたのである。

オスラーの筆はしだいに円熟し、その文体には文学的な香りが感じられるのであった。

翌一八八五年二月にはロンドンでグルストン氏記念講演会が開催されたが、このときの特別講演者としての名誉を彼はうけた。この講演会のそもそもの起りは、その当時より二百五十年前の一六三二年にグルストン博士がロイヤル・ユニヴァーシティ・カレッジに寄付した資金で始められ、毎年講演者が選ばれ、十ポンドの賞金が与えられるならわしであった。

オスラーの演題は「悪性心内膜炎——心臓の急性弁膜症」であった。これは多少実験的なものがふくまれていたが、主に臨床と病理についてである。英国ではこのようなくわしい報告がなされたのは、これを嚆矢《こうし》とする。彼は非常な感動をもって、壇上を歩きまわって話したと聴衆の一人は述べている。

彼がこの会のためにロンドンをおとずれたとき、ある医療器械製造商に両耳用の聴診器をつくらせた。それまでの聴診器は片耳用のものであったが、このときオスラーが初めて、今日一般に使われているようなものをつくらせたのである。オスラーがとくにこれを自分の名で発売させなかったために、このことは今日あまり知られていない。

そのころオスラーは、ペパー教授編集の『医学大系』の中の血液と循環系の章の執筆を依頼されていたが、そのほかにも毎月依頼される原稿が多く、まったく多忙であった。しかしこの間も、臨床教授のオスラーは、病理解剖のためには随分の時間を捧げている。

一八八五年にはフィラデルフィアの病理学会の会員に推薦され、またその学会で「肺炎の病理解剖」「腸チフスの病理解剖」について講演を行なっている。この例会にはかならず出席して、なにか新しいものや、みんなの参考になる標本を供覧した。ハンス・グラムが細菌のグラム染色を公表したときは、オスラーは第一にこれを病理学会で供覧し、また弟子のオグデンに書き送った手紙の中で、この染色法を教えたりしている。オスラーはつねに新しい知識の第一の伝達者であった。

一九〇三年に彼が「医学会の教育的価値について」と題して講演した中に、つぎの一文がある。

——開業医は剖検の機会がないために、病院の医者より、ずっと損をしている。機能障害や、臨床症状の説明となる標本を注意深く供覧することほど、教育的なものはない。この国では、学生に病理解剖を充分に見せることができない。剖検を見るか見ないかは、成長していく医者の、ものの考え方にひどく関係することになる。

今日普通一般にされていることだが、どんな薬でも、これをやすっぽく盲信して、これに頼り、いたずらに製薬会社の腹のみを肥やすといったやり方を改めさせるには、長い間の剖検室での勉強によって養われた健全な批判力以上の方法はない……。若い人は、勇気をふるって、学会ごとに標本供覧の役を引き受けるべきである。とくに注意して、障害された機能と、変化のある構造との関係を追究すれば、どんなにありふれた例でも、剖検の結果学ぶところがある。――

オスラーはポケットの中にはいつも組織の固定液をしのばせて、必要に応じてすぐ病理標本がつくれるようにしていた。

フィラデルフィアには、合衆国最古の病院の一つであるブロックレイ養育院が町はずれにあり、二千の病床をもち大学と連絡されていた。ここには粗末ながら剖検室があり、専門に二人の病理学者がいた。オスラーは自分が受け持って死んだ患者は、みんな自分で剖検し、いつもくわしい記録をとるようにしていた。彼の行なった剖検例では百六十二中四十八体が肺結核であった。剖検に熱中するオスラーについては、当時、ブロックレイ病院のインターンをやっていた弟子のシャプレスがつぎのように追憶している。

――オスラー先生は、日曜日には、よく朝早くから来て、終日、剖検をやられていた。そのようすが、いまでもまざまざと眼の前に浮んでくる。先生は何時間もかかって肺の出血を起した小動脈のありかや、半身不随を起した脳の出血部位を探されることがよくあった。

なにかおもしろいことが発見されると、学生たちを呼び集めてこれを説明して聞かせた。あるとき総室に入院していた黒人が、大葉性肺炎と診断されたのち死んだので、オスラー先生によって剖検された。ところが胸を開いたところ、中に水がいっぱいたまっていた。先生はこれぞとばかり喜んで、病舎勤務の医者たちを集め、どうして自分がこんな誤診をやってしまったか、またどうしたらこのような誤診をせずにすんだかをみんなに話されるのであった。

その後私の三十年の診療生活で、このよく似た二つの症状を、どちらかに決定して診断をつけなければならないときには、いつも、この先生の注意を想い出す。こうした経験はきっと他の仲間にもあることと想像される。

先生によってなされたこのような指導こそが、本当の医学教育であると思う。

――

オスラーは合衆国にありながらも、たえずカナダの医学界を指導し、また一八八五年ころのカナダ医学界の会頭の役までも引き受けていた。

一八八五年九月、カナダの西オンタリオのチャサムで開催された学会では冒頭演説を行なった。医業、医学校ならびに医学会についての三時間にわたる熱弁は、出席者に非常な感動を与えた。カナダの新聞にはいち早くこのニュースが伝えられ、郷里にあった父母は、世界の舞台で活躍する息子を想って喜びの涙に眼を潤すのだった。しかし、それだけに息子の健康を心配し、彼が当時執拗な全身の膿疱や水疱に悩まされているのを聞いて、少しでも休暇をとって家に帰るようにとたびたび手紙を書いた。

そのころのオスラーの手帳には、

――体重百三十八・五ポンド(薄い肌着、薄いフロックコート。オーバーコートはなし)――とある。

この年(一八八五年)の十月には、デラフィールドを中心に、ニューヨークのドレイパー、ピーボディー、ボストンのエデンス、それにフィラデルフィアのペパー、タイソン、それに加えてオスラーといった一流の内科医が集ってアメリカ内科医協会の発会式をあげた。この会を計画した原案は、これより四年前、オスラーのフィラデルフィア赴任後間もないころ、すでにオスラーの心にあったのである。デラフィールドが初代の会長となり、オスラーはエデンスらとともに、この会の役員にあげられた。

十月の終りにはマギル医科大学の新築祝いの披露があり、オスラーはペパーとともにはるばる出席した。学生は式場で、来賓としてのオスラーからの言葉を期待していたようすであるが、ペパー教授にその役をゆずり、晩餐会の席上で、ゆっくり挨拶をした。

彼は、アメリカ合衆国の医学教育は思ったほどでなく、あの抜目のない実際的なアメリカ人が、医学校の経営の面ではじつにだらしなく、不見識であると酷評し、このモントリオールのマギル医科大学のよい点を、いまさらながら見直すと述べている。

彼はクリスマスの休暇や、またカナダの学会に出かけたついでには、できるだけ故郷のダンダスに帰るようにつとめたが、いつも忙しくて、ゆっくり落ちついて体を休めたり、家のものと話をしたりする暇がなかった。オスラーの母はこのことをいつも心淋しく思った。息子を待つ老母の心はつぎの手紙の中にうかがわれる。

――小学生のようにお前の休みの日を数えて待っています。――もう一週間もすればお前の顔が見られるのよ。――

オスラーの平素の手紙とくると、まことに簡潔であり、たいていは葉書ですませた。葉書はいつも机の上に用意して、思いついたときすぐにペンをとって用件などをしたためた。親しい友や家にあてて出すときには、何月何日などの日付を略して、ただ何月と書き、また句読点(,.)を略したり、whichをただのwhと書いたりした。andはよく&と略し、自分の名はただW. O.とサインすることが多かった。

フィラデルフィア大学におけるオスラーの人望は、年とともにいよいよ高まっていった。学生は彼こそ本当の医学者であり、教師であると感じた。彼は教えるべき内容を真につかみ、またそれをいかに教えるべきかを知った真の教授であった。学生の集まるところ彼があり、彼のあるところ学生が見られた。

彼はふつうの講義の時間にも、よく風変りな講義をした。テキストにない内容をとり上げて述べることもしばしばあった。フリント博士が亡くなったときには、病気の講義をやめて、フリントが主張していた治療に関する持論を学生に話して聞かせたりした。

また病人の治療にはペパーやウッド教授とはまるで反対に、薬をわずかしか使わなかった。学生や若い医者には、習慣的に薬を使うことを警戒し、科学的な根拠をつねに探究するように教育した。薬による治療は患者のごく一部であり、病気全体の処置をひろく考えるように注意するのであった。

彼の臨床医としての名声はその学会における名声におとらず、一般社会にもひろがっていった。しかし彼は自宅ではめったに患者をとらないようにしていた。その部屋も治療のための特別な用意などはしていなかった。

彼は患者の診察を約束したときには、つねに時間を厳守した。時間をまもることは、彼が学生にかねがね注意してきたところであり、これが人の出世の途を左右するとさえ警告している。また患者に対して、彼ほどに病人の心をよく理解し、同情した医者は他にあまりないであろう。こうしたことに関しては、彼は生れつきのすぐれた才能に恵まれていたのであるが、これにあわせて彼には魂のある生きものを取り扱うという観念が非常に強かった。

彼に一度でも診察を受けた患者は、だれでも彼の最初の生きいきとした印象が一生忘れられなかったという。患者は身も魂もこの方におまかせしようという安堵の気持で、心がやわらげられ、苦しみがいやされたという。このことはオスラーが晩年に近づくにつれていよいよ強くなっていったのである。またオスフーの側からは、一度診た患者のことは、学問上の興味とはべつに、一人ひとりをじつによく覚えていたそうである。

マラリアの研究（一八八六―一八八七）

一八八六年三月にはニューヨークでの内科外科学会で「血液の生理の問題について」と題し、血小板、血球の退化性変化と再生ならびに血球と血液凝固との関係について、きわめて系統立った講演を行なった。これは英国留学時代のサンダーソン教授のもとでの研究から、モントリオール時代の研究までをまとめて発表したものである。この方面の研究はこれで一段落をつげ、その後はマラリアの研究に転じた。

マラリア研究の嚆矢《こうし》は、一八八〇年にフランスの軍医ラヴェランが本症の患者の赤血球中に色素をとる小体を発見したことである。このことはイタリアではさっそく問題にされたが、アメリカではカウンシルマン以外のものはほとんど問題にしなかった。オスラーは早くもこれに興味を覚え、一八八六年の四月には悪寒時の患者の赤血球中にアメーバ様の小体をはっきりとらえたのである。しかしこれは細胞の空胞にすぎないと考えるにいたった。この年の春にはフィラデルフィアのブロックレイ病院には、マラリア患者が多数入院していたので、その七十例について検査し、顕微鏡下の血液所見をいちいちスケッチしたのである。

オスラーは夏には英国に旅すべく予定をたてていたが、解決されないマラリアの問題がとうとう、彼をむし暑いフィラデルフィアにひきとめてしまった。

彼は熱発作の最中よりは、そのすぐ前の時期のほうに、赤血球中の小体が多いことをみとめた。そして発作の最中には、菊状の分割した小体がみられるといった。

マラリアの感染経路についても、当時まだわかっていなかった。ロスがインドで蚊が中間宿主となり、これが媒介して人体に感染することを発見したのは、それから約二十年後のことである。

当時オスラーはマラリアの診断にはとにかく血液の検査が絶対に必要であることを強調し、これなしにはその診断を下さなかった。

一八八六年十月、モントリオールのシェファード教授への手紙には、八十名のマラリア患者の検査でとても忙しいと書いている。このころの彼は、本症の病因については、ラヴェランによるマラリアの原虫説を妥当と考えるにいたったようすである。

このころのオスラーはいよいよ多忙であったが、有名な歴史あるアメリカ医科雑誌の編集にも関係し、その中の「医学の進歩」欄を受け持ち、血液学その他の総説を書いたりして新知見の普及に寄与した。

翌一八八七年にはマラリアを、毎日熱、三日熱、四日熱などの病型に分類し、以後、その鑑別診断についての研究が、彼およびその若い弟子たちによってつづけられた。マラリアの研究は、彼にとってはじつに困難な途であった。彼はこの研究を顧みて、つぎのようにいっている。

――この道は骨の折れる長い途であった。最初、私自身非常に懐疑的であった。フィラデルフィアの同僚の多くは、これを信じようとしなかった。けれど、聖トマス大学(ロンドン)の病理学者ペインは、英国医学雑誌(一八八七年)に載せた私の論文をみて、もっと注意深く、ひきつづき研究するように親切に書いてくれた。――

つねづね人びとを励ましてきた彼は、また人からの励ましや慰めの心をどんなにか深く感謝し、みずからを鼓舞したことであろう。

肺炎・腸チフス・神経疾患への関心（一八八七）

マラリアの研究が一段落するころから、肺炎の研究がなされた。オスラーは一八八七年に大学から出版された『フィラデルフィアの病院における肺炎』のおもな執筆者であった。この中で、彼は肺炎患者を二つに分け、「飲酒家は、いろいろ手を尽しても死ぬものが多いが、禁酒家は適当な処置を受ければ、ときにはまたなんの処置なしでもたいていは助かる」と述べている。アメリカで肺炎という疾患が独立した病気として取り上げられたのは、この本がペンシルヴァニア大学から出版されてからのことである。

彼は肺炎の治療としてはまったく対症的に取り扱い、従来は去痰剤を呑ませたり、瀉血したり、アンチモニー剤を与えたりしているが、いずれも科学的根拠を欠くと述べている。古い正統派の人はこの考えに反対していたが、オスラーは、きっと何かいい治療法が弟子の間から考え出されることを信じて、若いものを熱心に指導した。

肺炎の本につづいて『フィラデルフィアの病院における腸チフスの診療』が出版された。腸チフスは今日でこそアメリカではまれであるが当時は相当にみられたものである。オスラーはその中で腸チフス治療の大方針は衛生、食餌、看護の三つであることを強調している。彼はブランド法をとり入れて冷水治療法をすすめた。彼にしたがって、ジョンズ・ホプキンズ病院でも一時これが行われたが、今日ではもう行われていない。

一八八七年三月には、大学に整形の病舎が新たに加えられた。ここにはたくさんの神経病患者が収容されることになり、オスラーには神経疾患を取り扱う機会が充分に与えられた。

舞踏病、小児麻痺、てんかん、痙攣性麻痺等の研究をつぎつぎに行なった。一八八八年には百五十一例の大脳麻痺についてこれを分析的に検索し、その結果を出版した。こうした業績のために、当時彼はアメリカの神経学者の一人として学界にみとめられたのである。

一八八七年には神経病の外、十二指腸潰瘍について報告し、腸の潰瘍は十二指腸にもっともおこりやすく、また従来考えられていたほどにまれなものでもなく、病因や病理所見は胃潰瘍に似ていることを説いた。その他一八八〇年代にはほとんどなかった「文明生活における心臓過敏症」について語り、世人の注目をひいた。その他出血性梗塞の研究などがある。

一八八七年の一カ年間にオスラーが公にした論文は、八十にも達した。

彼が一八八七年四月トロントの帰りに故郷に寄ったとき、老母は、〝流星のような訪れ〟を心から楽しんだ。しかしひどく痩せ疲れた息子のウィリーが去ったのち、――あれは気の毒なほど痩せている。いい家内があって、あれの世話をしてくれれば、家庭の慰めが少しでも得られるのに――とひとり身のオスラーを案じていた。

当時オスラーの父は相当衰弱しており、ときには息子の残していった処方によって、ジギタリス十滴ずつを毎食前に飲まなければならなかった。オスラーはその夏には老父に暑さのこたえるのをひどく案じて、ひさしぶりに夏休みをゆっくりと両親のもとで過した。

ジョンズ・ホプキンズ大学への招聘（一八八八―一八八九）

一八八八年九月にはワシントンで内科外科学会が開催され、全米の学者が集まり、外国からの名士も列席した。この学会はいままでの学会にくらべて分科会の傾向が強く、医学の専門化のきざしが明らかにみられた。

この学会の会長はビリングス博士であった。彼は当時ジョンズ・ホプキンズ大学評議員会の医学顧問であり、医学部創立の中心となって活動していた人である。

ここでジョンズ・ホプキンズ病院について一言しよう。

ジョンズ・ホプキンズというのは、ボルティモアの大実業家で、南北戦争(一八六一―六五)で莫大な産をなした人である。その彼が一八七三年に残した遺言によって七百万ドルが若い人の教育のための総合大学と、病めるものを癒すための病院の設立とに投げ出されたのである。病院は一八七七年に起工し、十二カ年の長年月ののちに竣工した。この病院の職員をきめるためにビリングスは長年の間、想をねり、学界からひろく人を求めて慎重な交渉をつづけていたのである。

ビリングスは学会のつづく間、できるだけオスラーに接近しようと努力していた。その気配を早くもペパー教授は察し、オスラーの身辺に何かおこるのではないかと案じていた。

学会が終ってから、さっそくフィラデルフィアに赴いたビリングスは、オスラーが一年前に引っ越したウォルナット街の古い建物を探した。

ビリングスはオスラーの部屋に入ると、早速ジョンズ・ホプキンズ病院についてくわしいことを話し出した。そしてその新しい病院の構成については、万事自分にまかされていることを話した。

――彼は、その病院に私をひっぱりに来たんだな――とオスラーは直感した。

「あなたはジョンズ・ホプキンズ大学の医学部の世話をみてくれませんか」と単刀直入に話すビリンヅスに、「はい」とオスラーは即答した。

ペンシルヴァニア大学の責任ある教授として、彼のこの決断はなんと思いきりのよかったものだろう。彼はここで一段と飛躍するために、新しい大学に転ずることを躊躇しなかった。

しかし彼はペパー教授にこの決心を打ち明けるまでは、心に秘めていて、家のものにも友人にも話さなかった。

十月三十日付のペパー教授への手紙で、彼はジョンズ・ホプキンズ病院の招聘をひきうけたことを申し出た。そして同日の日付でジョンズ・ホプキンズ大学総長ギルマン博士に正式の受諾の手紙を書いた。

親愛なるギルマン総長殿

貴下の御親切な御書簡を深謝します。私は御地ボルティモアでの新しい生活を非常な喜びで期待します。私にとって、このことはまことに幸福であり、また愉しいことであります。重ねて貴下の御書簡を感謝します。

ウィリアム・オスラー

新しい任地に赴くまでにはなお六カ月の猶予があった。彼は、同行する家族や荷物がなく、移ることにはなんの労力も要らなかったが、精神的には非常につらいことであった。

あわただしい中に年も暮れ、訣別の年、一八八九年がきた。複雑多忙な事情のもとでも、彼は依然、書きものをし、講演をし、往診もし、また学生の指導を怠らなかった。キーティング編集の小児疾患の『記念百科辞典』のために「先天性心臓病」を執筆したのもこのころである。

一八八九年三月には、マギル大学のパルマー・ハワード教授が肺炎だと聞き、彼がモントリオールにかけつけたときは、すでに息が絶えていた。彼の仕事がいよいよ展開されようとする矢先に、愛する師を喪ったオスラーは、やるせない想いにうちくずれた。

フィラデルフィアに帰ってみると、また、つぎの不幸が待っていた。毎日曜日のように夕食を共にし、オスラーの郷愁を慰めた親友グロスが急病にかかり、この世を去っていたのである。

五年前には父グロス博士を、いままた十三カ年相添った夫を不帰の旅に送ったこの黒衣のグレース夫人を前に、オスラーは悔みの言葉を口にすることもできなかった。彼の死はオスラーにとっては、身内のものの死と変りなかった。静かに眠る愛するものを前にただ涙するこの二人、――この運命は三年後には奇しくも二人を結びつけ、さらにまた幾年かののちには、戦争の犠牲となった愛児のために涙する二人ともしたのである。

こうした悲嘆の中にも、オスラーは新しい任地に赴くための準備をし、計画をたてなくてはならなかった。

オスラーはジョンズ・ホプキンズでみずからの理想を実現するために、出発前にいろいろと想をねった。彼はかねがねこの大学のことを耳にしており、早くここに医学部ができれば、その発展性はすばらしいものと考えていた。彼はそこでは自分の研究のみでなく、立派な医学校と病院とのモデルを打建て、医学教育の範を示そうと心ひそかに希っていたのである。

――医者となるためには、充分な予備教育を必要とすること、また医学の学課課程を調整し、学校入学の資格を高くすること、また医学教育期間の延長、医師の資格登録のためにしっかりした政府の管理事務を必要とすること等は、オスラーのかねての主張であり、念願であった。

あれほどに学生を愛したオスラーは、試験となるとじつに厳格であり、ある安易な教授にみられるようなお情け心はまったくもたなかった。――学生自身のための試験でなく、公衆の生命のための試験である――とオスラーはよくいっていた。彼は逝きしパルマー・ハワード先生からうけた厳格な薫陶《くんとう》をかえりみて、これを幾度となく繰り返し感謝している。

刷新されねばならない当時の医学教育について、彼はつぎのように語った。

――毎年何十人という医者が作られる。しかもその中には、一度も分娩に立ち会ったこともなく、またしょっちゅうなんとか治療をしている日常一般の病気に対して、まったく無知のものがある。病院の病棟の中を一度も見たことのないものさえある。スカルパ三角を足の底と間違えるものさえある。こんなことを思うと私はたまらなくなる。しかも諸君、――ある学校経営者はずうずうしくも、その存続を願い、その結果は、非常に神聖なことをこれに値しないものに委せたままにするという、じつに恥ずべきことになるのである。この驚くべき自堕落さを想うと、一般の人びとの中に医学教育への不信がしだいにひろがり、また藪医者、山師、ペテン医者などがはびこることは不思議ではないのである。――

教育の革正のために叫ぶオスラーの言葉には、燃える火のような苛烈さがあった。

オスラーは一八八九年五月一日には、ペンシルヴァニア大学の医学生に心のこもった訣別の辞を送った。

学生に将来の成功または失敗の時のたすけとなるものとして、つぎのこと――すなわち沈着と平静――を心に銘記すべきことを説いた(『平静の心』)。

彼はまず、古語ではフレグムといわれるこの沈着、不動の精神を語り、嵐の中にも心を落ちつかせ、正しい判断を与えるこの精神こそは、とくに医者に肝要なこと、これなしには不決断と困惑を招いて患者からは信用を喪うことになると述べた。

オスラーは、この沈着はもともと天賦の性ではあるが、教育と訓練とによっても獲得できるとした。訓練というのは神経を太くし、顔色を変えないように鍛えることで、これは医業を行うさいに延髄中枢を完全に調整して、顔面血管の拡張神経と収縮神経とを動揺させないようにするというのである。

――このような無感覚は冷静な判断と微妙な手術を行うに必須の条件である。――

ついで彼は沈着と同様に重要な平静を取り上げ、

——諸君は、人類のうちで最も優れた、かつ王のうちで最も賢者であった、かのアントニヌス・ピウス(ローマの皇帝。八六―一六一)が臨終にさいして、人生哲学をAequanimitas(平静)の一語に要約したことをおもいだされるであろう。この平静は、彼がこの世の燃えさかる障壁を乗り越えていまや去らんとするさいの、いかにも望ましい態度であったが、これから世に出んとする諸君にとっても同じく望ましい態度である。平静を得ることはいかにも困難である。しかし成功のさいにも、失敗のさいにも等しくたいせつなものである。この性質を発展させるのはもちろん天稟でもあるが、われわれ同胞に対する明るい知識もたいせつである。——

またこの性質を養成するには、共同生活者にあまり多くを期待しないこと、古代ローマ人と同じく藪医者を軽信する現代人の誤りに寛大であり、憤慨しないように、患者から気に入らない仕打ちをうけても怒らないこと、他人の欠点は、自分の中にもかくれていることを思い、気に入らない人に対しては無限の忍耐力と、変らぬ優しい愛の心が必要である、等の忠言をオスラーは学生に与えた。

その行手には失望や、平静を乱し心を痛めることの多い学生に対して――「かえって艱難《かんなん》こそが諸君を玉とみがくのである。完全な真理を求めつつも、それに達するは難く、真理の一部の断片を得るのみで満足しなければならない」――というゆきとどいた、真心のこもった言葉をおくった。

その夜はペパー教授の司会により盛大な告別晩餐会が催された。モントリオールからロス、ワシントンからビリングス、ニューヨークからドレイパー、ポーランドからはボウディッチらの大家がわざわざこの会に集《つど》った。まるでお祭りのように賑やかな会で、和気あいあいのうちに終った。こうしたことは、すべてオスラーの徳のゆえである。

一八八四年から一八八九年までのオスラーの多彩な生活は、この華やかな晩餐会でひとまず幕がおろされたのである。

ジョンズ・ホプキンズ病院（一八八九―一八九〇）

ジョンズ・ホプキンズ病院が建てられたのは、ボルティモア市西部で街と海とを望む丘の上であった。

この建物はビリングスの考えにそって設計され、病棟は一つ一つ独立して建てられた。

ギルマン総長の計画はまず病院を作り、確かな基礎を築いた上に、医学校を開設することであった。一八八三年のころから、ビリングスは総長の意図をうけ、将来の医学校の教授たるべき人材を求めて英米の各地を巡歴した。まず化学者レムセン、生物学者マーティン、病理学者ウェルチが選ばれた。一八八六年にはまずウェルチによって医学校卒業生等のために病理学の指導が始められた。

一八八九年五月には新しくオスラーを迎え、その他の医員もそろったので、ここに開院式をあげることとなった。

オスラーにはこの病院の臨床指導の主任という重責がゆだねられた。

当時アメリカの病院はインターンの制度を採用していたが、医学校卒業後インターンとしての勤務はごく短かかった。オスラーはそのころすでにドイツで行われていた長期の院内勤務医、すなわちレジデントの制度を新しく採用することにした。そしてマギル大学を卒業して二年の臨床経験のあるラフラーをモントリオールから招いて、レジデントの資格で自分の助手とした。ラフラーの下にはペンシルヴァニア大学の新卒業生を何人かつれてきて、レジデント助手とした。

開院当時ギルマン以下すべての職員は美しい街と港を見おろす病院内に居住し、むつまじく生活していたようである。病院は開院当初からなかなかの繁昌で、入院患者はすぐに満員となり、五十人をかぞえ、外来患者も毎日数十人をかぞえるほどであった。

当時この病院の中核となって働いたものはみんな比較的若手で、精神病学者のハード博士が四十六歳でもっとも年長者であり、ウェルチは三十九歳、外科のホルステッドは三十七歳、婦人科のケリイはわずか三十一歳であった。

オスラーは当時三十九歳であった。髪の毛はもうそろそろ薄くなりかけていたが、引きしまった顔つきや生きいきとした眼は、彼を年よりは若く見えさせた。いつもつつましく、小ぎれいな装いをし、ネクタイは色のはっきりしたものを好んでつけていた。

この病院には看護婦学校はまだ開かれていなかったが、フローレンス・ナイチンゲール学校卒業の英人ルイジアナ・ハッソン嬢が、見習いの看護婦を教育していた。

オスラーは一八八九年七月十九日付の手紙で、旅行中の総長に、好調な病院の情況を報告している。この手紙はあのオスラーの親しみのあるペン字ではなしに、タイプライターでうたれている。今日まで残されているオスラーの手紙の中では、これがいちばん古いものであり、このことからオスラーは、そのころ秘書を使っていたものと思われる。

秋になると、オスラーは病院を出てウェスト記念街二百九番に住居を構えた。長年の下宿住いや、病院住いから、一軒独立した住居を持つようになったことは、彼としてまことに嬉しいことであった。そして友人や若い医局員をしょっちゅう夕食などに招いた。「これがオスラー夫人です」と彼は身のまわりを世話してくれる一女性を人によく紹介したものである。その女性はじつのところ、オスラーの兄フェザーストンの長女であった。

十月には病院に看護婦学校が開かれ、その校長にはハンプトン女史がシカゴから招かれた。この病院のように看護教育を重視することは、当時ほかの病院ではあまりみられなかったことである。

オスラーは病院内の医師の研究心を鼓舞するためにいろいろと想を練った。第一と第三の日曜日の夜はみんなが集まって興味ある症例の報告や討論をした。またここでも雑誌クラブをおこして、新しい医学の紹介をした。また、ジョンズ・ホプキンズ病院報告集を毎月刊行することになった。これはそのころから今日までずっとつづけられているものである。その第一号にオスラーは、マラリアの診断についての論文を掲載した。

同年十二月にはビリングス、ウェルチならびにオスラーが主唱者となって、医学史クラブを作った。毎月一回催されるこの会には、その後十五年間、オスラーがジョンズ・ホプキンズに在職中、病気以外には一回も欠席することがなかった。

病院はますます繁栄し、翌一八九〇年の春までには開院以来の入院患者総数は千人、外来患者総数は一万一千人をかぞえるにいたった。当時有料患者からの一日の収入は六十ドルという額であったという。

一八九〇年一月の院内月例症例検討会では、住血フィラリア虫の一例を報告した。この年の三月二十二日には慢性赤痢患者の肝膿瘍中からアメーバを発見したが、その時の彼の感激はどんなものであったろうか。彼はそのノートに、このアメーバの運動の模様をくわしく写しとった。当時、アメーバ赤痢の病原ははたしてアメーバかどうかということがまだ問題とされていた時代であり、この点でオスラーの報告はアメーバ説を支持するものとして貴重なものであった。

当時、ギルマン総長は休暇をとって欧州に滞在していたが、オスラーは最近の外国の病院を見学するために、ぜひしばらく欧州に渡りたいことを手紙でたのんだ。

この希《ねが》いがきいれられて、五月には渡欧することとなった。オスラーは「五年ごとの脳の塵払い」の旅をほんとうに楽しんだ。

スイスのベルンでは女子学生がラングハンスやザーリ教授のもとで勉強しているのを興味深く見学し、ドイツの学生の街エルランゲンではストリュンペル教授に会った。ライプチッヒ、ハイデルベルクついでストラスブルクと旅をつづけた。ストラスブルクでは解剖学者のシュワルベ教授に会い、またナウニン、レックリングハウゼン、ゴルツなどのいる病院研究所をおとずれて、その業績や教授法から学ぶところが多かった。

この間、オスラーは旅行記をしたためてはこれを送っていたが、これは後に『私の同僚医への手紙』としてまとめて出版された。

彼はコッホへの手紙の中で、ドイツ人の科学心には徹底したものがあり、知識を知識のために尊重する考えで一貫していることを高く評価している。

ドイツ人とくらべて、英米では若い人は最初は科学に生涯を捧げる決心で医学に入るが、すぐに開業にひきこまれ、四十歳にもなると、金儲けだけの人間となることが多いことを彼は残念に思った。またドイツでは科学のために、すなわち実験室や研究所のために莫大な金が投ぜられていることをつぶさにみて感心した。六月の末にはフランスに渡り、マラリアの学者ラヴェランと親しく語ることができた。

翌月ベルリンでの第十回国際医学会にオスラーは出席した。コッホはその席上で結核の治療としてツベルクリン注射療法を発表した。これは不治の病とされた結核の将来に光明を与え、聴衆に多大の感銘を与えた。オスラーはコッホのことをまたとない徹底した学徒であるといって賞讃した。ツベルクリン療法については、帰国後ただちにその追試を行なっている。

ジョンズ・ホプキンズ病院はその後しだいに医員の数を増していった。マギル大学の卒業生でオスラーが息子のようにかわいがっていたヒューウェットソンも勤務していたが、彼はまもなく結核で倒れた。この愛するものの命とりとなった結核に対するオスラーの業績は、のらにまた述べよう。

内科学のテキストと図書館（一八九〇―一八九二）

病院のほうもだいぶ片がつき、一方オスラーの仕事は若いものが好んで手伝うようになった。マラリアの研究は依然つづけられたが、仕事はおもに弟子たちによってなされた。オスラーとしては、原稿を書く時間がかなり許されたので、このころから論文やテキストの執筆に多くの時をついやすようになった。

そのころ医学生の教育には、内科のテキストとしてはトマス・ワトソン卿の著になる『実地診療』がいちばん普及していたが、これは古いもので、初版は一八四三年となっている。

オスラーはかねがね、内科学のよいテキストを書きたいと希っていたが、欧州旅行から帰るとすぐにこれにとりかかった。毎週の三日間は、午前八時から午後一時まで執筆し、その他の日には病院に出てしばらく仕事をし、十一時半からあとに筆を執った。午後は回診をすますと原稿を訂正したり、参考文献を整理したりした。五時以後には外来の患者を診察することがときどきあった。六時半に夕食、午後十時就床、午前七時に起床。以上が彼の毎日の日課であった。五月になってからは病院内に居住してこれをつづけた。

テキストの原稿は夏中かかってやっと作り上げ、十月から十二月の間はセイヤーらが手伝って校正をし、翌年の一月には秘書の手伝いで、索引づくりをやった。このように大きな著書を、こんな短時日の中に仕上げることは、さすがの彼にとっても非常な強行軍であったが、これも恵まれた健康に負うところが大きい。体の具合が悪くて寝込んだのは、まる一日となかったようである。その上に助手のラフラーやセイヤーが病室のほうを責任をもって引き受けてくれたので、このほうのオスラーの負担が幾分軽くされ、著述に専心できたのである。しかし、この間にオスラーの体重は八ポンドも減った。

オスラーは病院内に引っ越してからは、テキストを書くときはきまって、ケリイ博士の助手ロブの部屋を借りることにしていた。ここは広く、かつ静かであったからである。ロブ医師はこのころのオスラーをつぎのように回想している。

――オスラー先生は、私に、午前中に一時間くらい私の部屋を借りられるかどうかとたずねた。私はもちろん「どうぞ」と答えた。最初の朝、彼は一冊の本を脇にかかえ、秘書のハンプソン嬢を連れて私の部屋をおとずれた。朝の仕事がすむと、彼は私の書斎机の上にマークをつけた本を開いたままにして出て行った。その翌朝彼はさらに二冊の本を持って来、それからの二週間というものは、毎日新しい本を持ちこんだ。そこで机や、椅子、ソファー、ピアノ、さらにまた床の上にさえ本がいっぱいにひろげられたままになってしまった。このため、私はそれからたっぷり六カ月というものは、自分のこの部屋を使うことができなかった。彼はよく、書きものをしている最中に、ペンをおいて隣の私のいる部屋にやってきて、いっしょになってだべり合ったりした。
　こうしたことは私には非常にうれしいことであった。ただ、書きものの最中になにかすばらしい霊感が得たくって、紙屑籠を部屋中けとばしたりすることがあった。これには少々迷惑したが、しかし、とにかくオスラー先生が私のところにきて仕事されることは、ほんとうにうれしいことであった。——
オスラーの精魂こめたテキストは、つぎの書名で一八九二年三月に出版された。

内科学の原理と実践
——臨床医ならびに医学生のために——

この本の扉には次の献辞が記されてある。

——この書を私の恩師
William Arthur Johnson
（オンタリオ州ウェストン教区の牧師）

James Bovell
（トロント医科大学およびトリニティー大学）
Robert Palmer Howard
（モントリオール市　マギル大学内科教授）
に捧ぐ。

その序文には病理のウェルチ博士、細菌のフレクスナー博士の援助を謝し、またセイヤー、トマス医師ならびにハンプソン嬢の助力を感謝している。

このテキストはまたたくまに英米の医学徒の間に普及し、初版の発売数は二千三百の多きに達した。医学書としてはまさにレコードである。これは後にフランス（一九〇八年）、ドイツ（一九〇九年）、中国（一九一〇年）、スペイン（一九一五年）の四カ国語に翻訳されるにいたった。その後三年ごとに改訂版が出されたが、オスラー一代に止まることなく、オスラー死後、その最終版としてはクリスチャン博士の改訂版、すなわち第十六版が一九四七年五月に刊行されている。

このテキストは病理学の基礎の上に立てられた内科臨床の本であり、その病理解剖、症候論ならびに診断学はみずからの経験例を材料とし、これに当時最新の知見をとり入れた生きたテキストである。著者としての資格を彼ほどにそなえた学者はめずらしいことであろう。ただ本書の治療論に関しては多少不充分なところを指摘する学者もみられたが、これはオスラーが治療の場合にはあまり薬剤にはたよらず、むしろ自然の治癒転帰を待ち、一般衛生とか、看護とかに治療の重点をおいたことによるのである。

オスラーの著述の間、彼を大いに助けたラフラー医師は、一八九一年九月にレジデントの職を辞し、モントリオールに帰って開業した。オスラーはこれを非常に残念に思ったが、彼の意思を尊重してわかれた。しかし、その後もラフラーとはオグデン同様に手紙のやりとりを繁くし、また指導を怠らなかった。

テキストに熱中した間も、オスラーはけっして病院のことをゆるがせにすることなく、いろいろ細かく意を用い、また院外のこととしてはボルティモアの内科外科図書館の世話をみていた。彼の図書館に対する深い愛着は、マギル図書館、フィラデルフィア医師会の図書館などに対しても示されたところであり、どこの図書館員とも終生の親交を保った。一八九二年には彼が中心となって、医学図書館協会がアメリカに結成された。

──図書館の価値は、ふつうの言葉ではなかなかいいあらわせないものがある。私にとって本は、過去三十年間の喜びのもとであった。私は本から測り知れない恩恵をこうむった。本なしに病気の症状を勉強しようとするのは、海図のないところを航行するようなものである。

しかし本を書いたことのある人でなければ、他人の本に対して、そのほんとうの苦労を察することができない。大きな著述をしたものこそが、医学の女神ミネルバの宮にいけにえを捧げるべきである。──

これは十年後（一九〇一年）にボストン図書館の開館式にあたってオスラーが述べた言葉である（『本と人』）。

オスラーは医学生に対して、図書館に行くことと、ノートをとること、それに五年ごとに脳の塵払いをすること、の三つをいつもすすめたのであった。

そのころボルティモアでは、腸チフスその他の伝染病で倒れるものがすくなくなかった。オスラーは伝染病の予防、治療に対してとくに関心をもち、ウィルヒョウがべルリンでやったようにボルティモアの公衆衛生を指導した。

一八九一年二月、大学の記念祭の特別講演では、ボルティモア市の不衛生を非難し、街の清掃、上下水道の完備、それに患者の隔離が実施されれば伝染病は半減することを力説して、当時の役人たちの注意を喚起した。そのころボルティモアでは伝染病患者の隔離はまだ充分にはされていなかったようである。結核の予防については彼はまさに世界の歩みの最前線を行くものであった。十九世紀の初めにフランスで、かのレンネックは結核はなおるものと説いたのにかかわらず、当時の英米ではなおこれを不治の病とするものが大多数であった。オスラーはみずからの剖検の結果から、いかに多くのものが結核にかかっているかを痛感する一方、この病がなおりうるということを一般に説きひろめる努力をした。

——私は千例の剖検をやってとくに結核に注意を払ったが、そのうち二百十六例は結核を死因としたものであり、残りの七百八十四例中の五十九例五・〇五％の死因は他の病気であったが、結核性病変が肺にみとめられたものである。

以上の事実は、第一に、結核がいかにはびこっているかを知らせる。第二には、私のデータによると、すくなくともかかったものの四分の一は自然治癒をするということである。これらの大多数では、この疾患は非常に限局され、悪化もせず、また多くの例は外からの所見がない。しかし非常に進行した例で、たとい局所の所見が著明で、喀痰中に弾力繊維や結核菌の出るものでも、しばしば病勢が阻止され、剖検では結核性の病変が治癒したとは考えられなくても、一般状態はよく、非常によい健康状態を保ったことがある。——『結核の治癒』(一八九二年)より

オスラーはこの病の治療には、栄養と一般の衛生が第一と述べている。そしてまた新鮮な空気と日光にふれる開放療法を大いに奨めた。

オスラーは結核にかぎらず、いろいろその疾病の例をテキストの中にとり入れて書いたが、いずれもモントリオール時代の剖検がその資料となっている。テキストを書くために、わざわざモントリオールのマクドネル博士に古い剖検記録を調べてもらったこともめずらしくなかった。

一八九二年五月二日には、ボストンで小児科学会が開かれ、彼はその会長に推され、特別講演を引き受けた。

オスラーは「専門化」と題して語り、「今日の医学」はいよいよ分化し、専門化する段階に入ったことを強調した。しかし医学の専門化には非常な危険がともなうこと

を警告した。すなわちわれわれの持つ臓器の一つ一つは孤立したものでなく、全体の一部であるから、狭い部分的なもののみをただ深く掘り下げていって全体をみることを忘れると、大きな過ちをおかすことになると注意したのである。

オスラーの結婚（一八九二—一八九四）

この学会の五日後、すなわち五月七日の朝一番でオスラーはボルティモアを発ち、フィラデルフィアに向った。美しく晴れた日であった。

オスラーは足音もかるくウォルナット街千百十二番に向った。オスラーを迎えるグロス夫人の瞳はひどく輝いていた。あまりにも美しい日だからかと、なにも聞かされてなかったお手伝いは思ったかもしれない。そこにウィルソン博士が顔を出したので、三人はしばらくよもやまの話をした。

ひるすぎに二人乗りの馬車が来たので、二人は失礼して出かけた。その馬車が午後二時半の結婚式のために聖ジェームズ教会に行くものとは、ウィルソン博士が夢にも想像しなかったことである。

グロス夫人とオスラーとは、グロスの死後さらに親しくなったことと想像されるが、そうしたことに関するくわしい消息はわからない。しかしオスラーがボルティモアに赴任してからも、グロス夫人はときどきオスラーをおとずれ、またオスラーもグロス夫人をたずねることがあった。こうしたことは生前のグロスとオスラーの交友を知っているものには当然すぎることであった。しかし二人の間の関係はオスラーの両親には多少通じていたようであり、また弟子のラフラーもそれとなく感じていたようである。しかし、とにかくこの結婚はオスラーの同僚、友人の間にはまったく寝耳に水であった。

この四十三歳の花婿と三十八歳の花嫁とは、トロント、モントリオール、ボストンと旅し、友人や親族との祝宴を楽しんだ。五月末からは英国へと旅行をつづけ、オスラーの祖先の地コーンウォールをもおとずれた。この新婚旅行の間にも、オスラーは英国医師会の会合に出かけたりした。翌月ボルティモアに帰ると、さっそく、西フランクリン街一番の家をみつけて、ここを新婚の住居とした。

ボルティモアでの生活はオスラーにとってはじつに楽しかった。病院はいよいよ発展し、仕事は拡大し、同僚や助手との間は非常にむつまじくいっていた。そのころオスラーをマギル大学の内科の主任教授として迎える話があったが、ジョンズ・ホプキンズ医学校の創立を前に、オスラーとしてはいまさら転任の考えなどは毛頭もたなかった。

ジョンズ・ホプキンズ医学校開設のための人的資源は整ったが、建物や設備の上で資金難の苦しみがあった。このとき篤志家のギャレット女史が三十万ドルの寄付をし、寄付の条件として、女子の入学を男子同様にみとめることを申し出た。

この寄付により、開校の準備は着々と進捗し、一八九三年の秋の学期からはいよいよ開校のはこびとなった。入学の資格には議論百出したが、オスラーたちの案が受け入れられ、つぎの規定がなされた。

すなわち、文学士(または理学士)の学位を得たのち、二カ年の医学部予科で生物、化学、物理、独・仏語を習得したものがはじめて医学校入学の資格をもつのである。医学校は四カ年の課程とされた。当時ではこれが最高の教育の型となったのである。

第一回の入学者はわずか八名で、そのうち三名は女子であった。先生の数が生徒数より多いという珍現象を呈した。解剖はマル、薬物はアベル、生理はハウエルが受け持った。医学校の幹部として働いたのは、オスラーのほかには外科のホルステッドと、病理のウェルチとであった。これらの職員が心の底からたがいに相信じ、世界の範となる医学校建設をめざして、一致協力して努力したことは、当時の医学界の美しい話題となっていた。

オスラーは上級のクラスを受け持つことになっていたので、開校後二カ年間は講義はなかったが、若い医者の教育、病舎の指導、みずからの研究や著述などにあいかわらず多忙な生活をつづけた。

一八九三年の五月には開院以来の五カ年間にジョンズ・ホプキンズ病院に入院した腸チフス患者二百二十九例についてのくわしい総括的報告を発表し、椎骨の合併症などをも記載した。ここに記載された内容は、腸チフスの診断ならびに治療に貢献を与えたものである。またこのころまでにオスラーは、有名な講演集『平静の心』を書き終っている。

一八九四年は夫人同伴で渡英し、各大学をおとずれ、またいろいろの医学会にも出席した。旅の途中からもしばしばラフラーやオグデンに手紙を送り、また彼のもとに働いていたセイヤー医師ともたえず連絡して、紙上で腸チフスやマラリア研究の指導をつづけていた。

この年の十月にはホームズが亡くなった。オスラーはつねづねトマス・ブラウン卿のごとく、ギリシャ哲学に興味をもち、プラトンやヒポクラテスのものを愛読し、またシェークスピア、エマーソン、モンテーニュらの文学を愛読した。またこれらの文豪によって書かれた医者の生活描写を興味深く読んでいた。医者が文学や哲学を理解することは、人間や自然を把握するうえにきわめて必要なことと信じ、学生にもつねづねこの方面の読書をすすめ、また医学史クラブでは、このようなことをよくみんなに語ったのである。

医者であり、同時に文学する人、哲学する人としてのトマス・ブラウン卿を彼が尊敬してやまなかったのもこのためである。この亡くなったホームズも立派な医者であったと同時に、まれにみる文筆の人であり、この点彼はホームズの死をいたく惜しんだのである。

息子リヴィアの誕生（一八九五）

オスラーがマギル大学を去った後も、この母校との間には、親しいつながりがつづけられていた。なにかの記念日には第一にオスラーに招待状が送られるというふうであった。一八九五年の一月にはマギル大学で新築の献堂式が催されたが、オスラーはその記念講演を頼まれ「教えることと考えること」と題して語った。

――かのユダヤの王ヒゼキアの熱心な祈りがエホバの神に聴き入れられたように、医学教育の高い理想をめざせば、きっとかなえられること――を説き、また医者の仕事は単に病いを癒すことのみでなく、一般大衆に健康への道を教えこむことにあることを強調した。

オスラーがボルティモアに帰ってくるとすぐ、ひどく心配した同僚や学生等が彼のもとにかけつけてきた。新聞ではオスラーが、近く引退するマギル大学の学長ドウソン博士の後任に推薦され、もうそれを引き受けてしまったと発表したからである。ミッチェル教授は――もしほんとうとするなら、私はお祝いを申す気にはならない。大学の学長であるよりは、一個の医者としてのオスラーのほうが意味のあることであるから――と人に語った。

このころのジョンズ・ホプキンズ大学は、オスラーがマギル大学を去ったときとはようすがちがい、彼にはまだ多くのことがゆだねられていた。オスラー自身はジョンズ・ホプキンズを去る意思のないことをはっきり言明したので、周囲のものはやっと安心した。

三月のある日、彼はとつぜん父の逝去の報に接した。彼は平素悲しい感情はできるだけ心の中に忍んで外にあらわさず、みずからもこれから早く逃れるように努力していた。

親しいオグデンへの手紙にさえ、父の死のことはたった一行しか書かれていない。――私の父は二週間前に他界した。動脈硬化症のために――と。そして、先に出版した内科のテキストの第二版のための参考資料があれば送ってほしいと行をつづけている。

オスラーは改訂版のために相当な時間を費したが、七月にはこれが出版された。この間ほうぼうに旅行したり講演等をして忙しかった。八月にはカナダ医学会出席のためキングストンに出かけた。

旅行は彼にとっては少しも苦痛でなかった。家にいるよりも汽車にのったほうが、妨げなく考えごとや書きものができ、体のほうもかえって休養が得られたといっている。

当時彼は家にいると、午後の二時から四時半の間に三、四人ばかりの患者を診察し、お茶の時間がすむと図書館に行くのが習慣であった。その行き帰りに親しい家庭を訪問して歓談したり、また頼まれて往診することも少なくなかった。

往診となると、約束の時間を厳格にまもり、十分と遅れることがなかった。彼が病人のいる部屋に入っていくと、その雰囲気が一変し、活きいきした彼の姿によって病人の心は安らかにされ、病人は彼に身も魂もすべてまかせてしまうようになるのである。オスラーが病人に与える時間は、すっかり病人のものとして捧げられるのが周囲の人びとにも感ぜられるのであった。

病院での医学史クラブでは、中世のアメリカのかくれた名医バセットや、またドーブル散の発見者トマス・ドーヴァー、あるいはまたかつては英国のガイス病院でクーパーの助手をしていた詩人ジョン・キーツについて語った。キーツはこの秋、ちょうど生誕百年に当ったが、その歴史学会での記念講演にも彼はキーツを語った。

この一八九五年も暮れようとする十二月二十八日は、オスラー夫妻にとってはまことに喜ばしい日であった。

オスラーはこの喜びのおとずれをさっそく九十の老齢の母に伝えた。また親しい友達には、つぎの手紙を書き送った。

——家内は先週、男の子を生みました。母子ともに健在。もちろん私たちは大喜びです。子どもは強そうで、しっかりしたひな型のようです。——

子どもの名前は二人の相談で、エドワード・リヴィア・オスラー(Edward Revere

Osler）とつけられた。エドワードはオスラーの兄と夫人の弟との名でもあった。オスラーはRevereとつけるのに非常に苦心したようである。彼は子どもの名前は、そのときの親の気分でつけるべきではなく、子どもが大きくなったとき、その名前に満足するように考えてつけるべきだという持論だったようである。

このリヴィアのことを"Tommy"とも呼び、またのちには"Isaac"，"Ike"，"Egerton, Jr."などとも呼ぶことがあった。

四十歳を過ぎてはじめて与えられたこの子どもは、オスラーにとってまったく眼に入れても痛くない愛児であった。

オスラーは生れてのち数日は子どもにキッスするのを遠慮していたらしいが、出張することとなった正月二日の前夜には、つづけざまに五回もキッスした、と夫人の手紙に記されている。

教育と研究（一八九六―一八九九）

一八九三年に入学した医学生が三学年になってからは、オスラーが臨床医学の指導を引き受けた。臨床にそくしての教授は、オスラーのもっとも得意とするところであり、学生の心を完全にとらえ、その向学心を刺激したのである。学生の臨床指導の手はじめとしては、まず〝観察すること〟を教えた。

臨床講義の教材として出された患者を前に、彼はまずこういうのであった。

——患者に触れずに、まず見たところを述べなさい。君たちの観察力を練磨するのですよ。——

そして病気の本体をいろいろの比喩や例で説明し、また学生自身に必要なことを調べさせた。講義の最中に、

——君、ライブラリーに行って、ガイス病院報告集の五巻を持ってきたまえ、それにこの説明が書いてあるから。——

——君、今週フランスかドイツのものを、なにか読みましたか、なにもない？では、つぎの時間までに先週のベルリン臨床医学週報の中で、エワルドが何を書いているか調べてきたまえ。——

といった問答で学生自身に勉強させ、またいかに本を読むべきかを実地にそくして教えたのである。講義や回診は隔日の午前中にやり、その他の日は家にいて書きものをした。

オスラーの回診は臨床講義とはまた違ったおもむきがあった。病室における彼の一挙手一投足には学ぶべきものが多かった。回復期にある患者や、神経質の半病人等で気分の転換が必要なものに、元気な、おどけた挨拶をしたり、冗談をとばしたりすると、患者は喜んで受け答えするのであった。その反対に、重症患者の枕下では言葉すくなく、静かに診察して、患者の神経をしずめ、気持を安心させるようにふるまうのであった。

講義、回診、研究、講演等でオスラーの毎日のスケジュールは、ぎっしり埋められていた。彼自身少々過労であると思っていたが、やむをえなかった。彼は起きている時間は一分といえどもむだに使わなかった。彼は短い、ちょっとした時間でも有効に使うとくべつな才に恵まれており、病院の往復の車中では、いつもノートと鉛筆とを用意して、想いついたことはすぐ書きとめるようにしていた。怠けるなんてことは、その長い生涯の間に少しもみられなかったことである。

この忙しさの中にも若いものとの接触はできるだけ保つように努力し、夕食には助手や学生を代るがわる家に招待して、いろいろ歓談するのであった。

この年の五月には第十一回の内科学会が開かれたが、その席上当時問題となっていた生体解剖禁止法に対する討論がなされた。またジフテリア毒素と抗毒素、人型と牛型結核菌の鑑別、さらにまたウィリアムスによるX線の診断学的価値についての発表などでにぎわった。

当時X線が骨折などの外科的診断に利用されることは一般に知られていたが、これを胸部疾患に利用することについては、一般にはまだそれほどの注目をひかなかった。当時オスラーはX線が胆石診断に利用できるかと質問したりしたが、胸部疾患の診断に今日のように利用されようとは、オスラーも考えていなかったようである。五月末にはモントリオールの小児科学会に出かけて、神経疾患の分類の不完全なことをとり上げて、神経方面の研究がもっともっとされなければならないことを述べた。また六月にはフィラデルフィアでの神経病学会で長く興味をもっていたレイノー病の大脳障害についての論文を発表した。

その夏はニューイングランドですごし、ときにはゴルフをやって休養した。しかしセイヤーとはたびたび手紙をやりとりして、大学でのスケジュールの打合せをした。秋になってから、新しく四年級のコースが始まった。セイヤーはしばらく海外に出たので、その講義の時間も、オスラーが引き受けたため、非常に忙しかった。このころセイヤーを彼のすぐ下の助教授に推薦したのである。

一週に三回の午前中の回診では、医学は教室でなく、臨床の経験によって得られるということを学生に繰り返し教えた。

彼の医学は単に臨床医学にのみかぎられず、ひろく一般民衆の幸福のための医学、すなわち予防医学にもわたっていた。彼はメリーランド州に一般衛生委員会をつくり、その指導もしたのである。

その秋から毎週土曜日の夜八時には、四年級の学生が、オスラーの家で集会をすることにしていた。これはオスラーがジョンズ・ホプキンズに在職中はずっとつづけられた会で、最初の時間は、その週の間に学生が経験した臨床上のことや、調べた文献等についておたがいに討論し合う。これがすむとみんなはお茶とお菓子のごちそうになりながら、オスラーのくだけた話を聞くのである。彼はミルトンを語ったり、キーツを論じたり、また英国の生んだ偉大な三医人シデナム、ハーヴェイ、リナクルの生涯を話して聞かせたりするのであった。

この三医人の写真をはめこんだ額は、ジョンソン、ボヴェル、ならびにハワード教授の写真とともにボルティモアのオスラーの書斎に飾られ、のちにはオックスフォードの書斎に移されたのである。

一八九七年一月の臨床講義には、「胆石の総胆管嵌入」について述べた。これは突発的な悪寒と発熱で始まり黄疸をともない、それがいったん去るが、また同様なことを何回も繰り返すといった症状を呈し、これは当時、マラリアと混同されることがしばしばであった。これをオスラーは胆石が総胆管に嵌入して突発する症状で、石が胆囊中に復帰すると症状が止み、石がまた胆管に出るとこれを繰り返すためにおこると説明した。これは後に他の学者によってオスラー症候群として特記されたものである。

オスラーがモットーとしていた、まず観察し、考えることが、こういった症候の本体をとらえるのに役立ったのである。オスラーのテキストを読むと、とくにその症候論が秀でていることにだれしも注目するであろう。

一八九七年二月にはメリーランド州の保健技師の会議が開催された。オスラーはこの席上でつぎの五カ条を強調した。

――保健局の改組、精神病法規の改正、牛乳の検査、上下水道供給の調整、伝染病院の設立

――またその分科会では保健局が、死亡診断名としてチフス性マラリア熱の病名を黙認していることに対して、大いに非難した。

——いったいチフス性マラリア熱という病名があるだろうか。医者の頭の中にはあるかもしれないが患者の体の中にはあるはずがない。——

正しい医学のためには、彼の口からこのような激しい言葉が叫ばれるのであった。同年五月には第四回の専門学会がワシントンで開かれた。この会には各学会からの代表者が集まってきたが、とくに当時ようやく注目されはじめた内分泌に関する研究が発表された。その討論の中心はハウエル、アダミ、チッテンデン、ならびにオスラーたちでなされた。この会合は、内分泌学が一つの独立した専門科目として誕生したことを意味づけるものであった。この席上でオスラーは、アメリカに散発性に出るクレチン病について六十例を報告し、その講演の最後に述べた。

——われわれが「小人」と呼ぶこの悲劇的な奇型を、完全な体に癒すことができるのは、生体剖検によって得られた医学の勝利である。この知識はじつに幾百という犬や兎を犠牲にして得られたものである。——

これは当時上院において動物の生体剖検禁止を叫ぶ議員に対する時宜を得た、また堂々たる抗弁であった。壇を下りる彼には、万雷のような拍手が送られた。

この六月にはまた看護学校の卒業式に列席し、「看護婦と患者」と題したメッセージを巣立つ白衣の女性に送った。これは乙女に贈るいわゆるお祝いの言葉でなく、むしろ厳しい警告であった。すなわち患者が病いに苦しみ、死に瀕したときは、周囲のものからはなにもされずに放っておいてほしいといった心情になることを教えた。そして、土中深く眠る動物のように病人は壁に顔をむけ、そっと平和に死んでいこうとするときに、看護婦がおせっかいしてかえってその病人をさまたげることがあると忠告した。

最後に彼は看護婦が長い教育の期間中に、しだいに患者に対する同情を失いやすいことを注意し、――己れの欲せざるところを、人になすなかれ――という孔子の言葉で結んでいる。

一八九七年の八月にはカナダのトロントで英国医学会の総会が盛大に催され、英本国からは、リスター以下多くの名士が出席し、オスラーの旧友もその中にたくさんみられた。多くの旧友たちはオスラーのすすめでその帰途ボルティモアに立ち寄り、オスラー夫人の心からの歓待を楽しんだのである。

オスラーはこの学会の旅行中、執拗な気管支炎にかかったが、これはその後たびたび彼を悩ませ、肺炎にまでなったこともしばしばである。

肺炎といえば、オスラーは腸チフスやマラリア同様に学生に熱心に教え込んだテーマであった。

——総死亡数の三分の一ないし四分の一を占めるものは肺炎をおいてほかにない。——肺炎の死亡率は、この合衆国ではあまりにも高いので、年寄りがこれで死ぬことはまるで自然死のように考えられている。——

と述べた。

肺炎に対して挑戦しつつも、ついには自分もこれで倒れるのではないかという予感がいつもオスラーをとらえていたようである。

一八九八年がおとずれた。一月には『フィラデルフィア医学雑誌』(週刊)がオスラーたちの後援で出版され始めた。オスラーはまた三年ごとにテキストの改訂版を出すことにしていたので、この年が改まると早々その準備をした。モントリオールのラフラーにも手紙を書いて、このためのメモを送ってもらった。ラフラーやセイヤーやオグデンたちへの手紙には、その最後にはいつも家内からよろしくとあり、また子どもができてからは、〝トミー〟からも……とつけ加えたりし、またもう体重が何ポンドにもなりましたよ、などと愛児の消息をもつけ加えた。

オスラー夫人は、オスラーの友人や弟子を非常にたいせつにし、自分から努めて親しくなろうとしていたようである。

オスラーは若いものからよく一身上の相談をうけたりしたが、結婚に関しては非常に慎重な忠告をした。妻の選択を誤まったため有為の将来を不幸にした例をひいて、ぜひ正しい女性と結婚することをすすめた。そして妻が夫を信頼し、優しさと思慮とをもって仕えれば、いかに平凡な男でも仕事を全うすることができるといった。医者の妻としては、第一に聖書にあるマルタのように家事のめんどうなことをいっさい世話する女でなければならず、また子どもを立派に育てあげられる女でなくてはならないとも述べている。

「家や子どものことは妻に相談し、そしてその忠告を聞くこと、しかし外の診療に関する仕事は、できるだけ自分ひとりでやること」――この二つのことを、彼ははっきり区別して実行したのである。

一八九八年二月にはある二人の婦人がジョンズ・ホプキンズに寄付を申し出た。この金は当時一般にもまた病院内の職員や学生の間にも蔓延していた結核の研究にあてられることになった。オスラーはこの方面の研究や指導にも忙しい時間の一部を捧げていた。

春にはひさしぶりにオグデンがオスラーの家庭を訪問し、一同で愉快な時を過した。四月末には、合衆国はスペインと戦闘を開始するにいたった。オスラーも以前から開戦は必至であると思っていた。しかし、オスラーは原因がなんであれ、戦争というものを嫌った。彼は、

「この十九世紀の終りまでに、人類は三つの最大の不幸の中の二つ、すなわち飢饉と悪疫とからなんとか免れることができたが、戦争はとうてい避けられない。しかしこの難問を引き受けて立つ者は医者をおいてほかにない——すべての民族が同じ血からなっていることを知る医者以外には……」

と述べている。

争うことを避けたオスラーは、一方またよきサマリヤ人《びと》であった。学生が生活に困って二十五ドル借りにきたときには五十ドルを与えた。ほんとうに困った人には惜しげなく与え、百回の詐りがあっても、一回でもほんとうに必要なものにささげられたならば、これに満足するのであった。有意義なことには率先して寄付を申し出た。

六月になると彼は英国に渡り、F・R・Sとアバディーン大学からはL・L・Dの学位を受けた。これは学者としての最高の名誉であり、彼としても意外な光栄を非常に喜んだが、これをいちばん喜んだのは、カナダの新聞でたえず息子の消息に注意していた老母であった。

オスラーはこの旅行に出るまでは、テキストの改訂に大わらわであった。アレクスナー、トマス、ベイカーらの助力によって、やっととまとめ上げて出版した。このテキストは六年前の初版にくらべて内容が非常に変っていた。

その船中から出した妻への手紙には、こうある。

――旅に出てテキストから解放されることは、どんなに心の憩いとなることだろうか、私はほんとうによく眠れる。――

英国滞在中は学会に出かけたり、またかねて尊敬する十七世紀の医人トマス・シデナムの生地をおとずれたりした。オスラーは英国では非常に高く評価され、ある教会の牧師は第二のトマス・ブラウン卿と呼んだ。

彼が英国を立ちニューヨークについたのは八月上旬であった。上陸するやペパー教授の急死の報をうけた。九月の学期初めにはペパーの追悼演説を頼まれていたが、気管支炎のために中止のやむなきにいたった。

このときの気管支炎は熱が高く、咳は激しく、オスラーは非常に苦しんだ。彼は周囲のものに騒がれるのがきらいであり、看護婦もつけず、自分ですきな体位をとってじっと辛抱していた。患者としてはどちらかというと、むつかしい患者であった。熱は一週間後に急に下がったが、咳は十日間も止まなかった。幸いに回復期に入ると順調にいき、十一月にはまた病院の仕事にもどることができた。

セイヤーは、このころ病院の助教授を退いて、オスラーのすぐ隣の家を借りて実地診療を始めた。

一八九九年の五月にはワシントンにおける内科学会で皮膚が青銅色になる血色素症についての報告を行なった。また五月中は翌月英国でのカヴェンディッシ講演のために髄膜炎の研究をまとめるのに忙しかった。当時、合衆国では流行性髄膜炎にかかると六八・五%が死亡したといわれる。このころは、腰椎穿刺がやっとなされはじめたくらいで、血清治療等はまだ知られていなかった。

六月には夫人、子どもとともに渡英して王立協会の会に出、ついでキングストンでのカヴェンディッシ講演にのぞんだ。彼の講演は非常な賞讃を博し、その博学のために〝今日のヒポクラテス〟と呼ばれた。この月オスラーはまさに五十歳の誕生を迎えた。彼は旧知のシェーファー、マッケンジー、ハッチンソンらとひさしぶりで語り合い愉快な時をもった。

夏はスワネイジの海岸に家を借り、泳いだり、ゴルフをやったり、また子どもの相手をして楽しくすごした。リヴィアははだしで海岸をかけたり、水遊びなどをして喜んでいた。オスラーはときにはほうぼうに出かけて本をあさったが、トマス・ブラウン卿の『医師の信仰』の一六四三年の初版をこの夏手に入れたようである。

九月上旬にボルティモアに帰りついた。大学ではこの秋から熱帯病の講座を開くことになった。これは合衆国のフィリッピン、キューバ、スエズ等の南方政策上の必要性にもよるものがあった。

九月下旬にはマギル大学に招聘されて、「二十五年後」と題して学生、職員に講演した。彼がマギル大学の母校に奉職した年からかぞえると、ちょうど二十五年間医学教育に従事したわけである。

――教育は一生かかってなされるものであり、学生は大学のコースでは単に、そのふみ出しをするにとどまる――というプラトンの言葉をひいて医学教育の真髄を説いた。

——四ヵ年間に医学の広い領域をくまなく学ぶことは不可能に近い。われわれはただ原理を示し、学生を正しい道に引き入れ、かつ方法を示し、いかに学ぶべきかを教え、また本質的なものとそうでないものとを早く区別しうるように教育するのである。——

またとくに学生に向って——実地診療こそが医業の真髄であり、臨床家はすべからく寛い心と平衡のとれた冷静な頭をもち、また実験室よりも病室についての知識をもつ人でなければならない。——

また学生にトマス・ブラウン卿の『医師の信仰』をすすめ、この本ほど今日までつづいて強い影響を私に与えた本はない。ジョンソン師が私にすすめたこの本こそは、私をして医学に献身せしめたものであると告白している。

この講演は学生に非常な反響を呼び起し、多くの学生から感謝の手紙をかず知れず受け取った。オスラーは一つひとつこれに返事をしたためた。

秋になるとジョンズ・ホプキンズ病院には腸チフス患者がたくさん入院した。彼はその防疫対策を練り、またほうぼうで腸チフスの診断法について講演した。

メリーランド協会の秋の例会で、オスラーは「結核の家庭療法」と題して講演した。当時ボルティモアには八千ないし一万人の結核患者がいたが、療養所で治療できる人はわずかにその五％にすぎなかった。彼は各自が家庭でも戸外療法をすることをすすめた。この療法は当時彼により新しく考え出されたもので、結核史上歴史的な意味がある。

結核の防止についてはまだそのころは一般に考慮されてなかったが、オスラーのかねてからの提唱により、これに対する関心がようやく一般にもみられ始めた。

エジンバラ大学からの誘い（一九〇〇）

オスラーは、自分のつとめている大学内ではもちろんのこと、他の大学にもよく出かけていって話をした。二十世紀の開幕を翌年に控えたこの一九〇〇年の一月、彼が行なった最初の講演はフィラデルフィア大学の学生会の席上でなされたものである。

そのころ彼はシデナムの研究から、やはり同時代の医師であり、かつまた大哲学者であったジョン・ロックの研究へと心が移っていたようである。この会の席上で彼は、ロックの外科医としての技能とともに、彼の哲学をたたえるのであった。

――彼ロックは英国におけるもっともすぐれた、また特長のある哲学者であり、かつまた専門の医学の畠でも輝かしい存在であった。しかし、どちらかというと彼の医学界になした業績よりも、彼の説いた方法論や、英国の医者たちにおよぼした影響のほうがずっと大きい。――

ロックの人生観や処世術は、オスラーがかねて抱いていたものに非常に近い。この点でオスラーはロックにひどく共鳴していたようである。オスラーはロックによって叫ばれたつぎの言葉をとくに学生たちにすすめるのであった。

――君たちができる最上の生活をなさい。しかしそのさい周囲の人に不要な立腹をさせないように注意すべきである。また周囲のものの悪弊、愚行、弱さなどにひきこまれぬようにできるだけの努力をなすべきではあるが、周囲のものがあなたの理想からだんだんはずれていっても、それに対して無駄な立腹などはしないがよい。――

人と和を保つ術を、オスラーはロック同様に心得ていたのである。

二月になると、新たな事件がオスラーをとらえた。これはじつに、大波乱をひきおこしかねないところまでいったのである。というのは、エジンバラ大学の内科教授であったステュワート博士が逝去したために、その後任として彼に白羽の矢が立てられたことなのである。

この大学の内科教授の地位はグレゴリス、アリソン、レイコックら知名の医師によって占められていた。いわば英国医学界での最高の栄誉ある地位であった。ただしこの候補には、オスラーのほかにエジンバラ出身のすぐれた学者が数人あげられていたようである。

オスラーが親友シェーファー博士からすすめの手紙をはじめて受け取ったとき、オスラーは今の事情として、とうていジョンズ・ホプキンズをやめるわけにはいかないと返事した。しかし彼の内心はそう簡単にこのチャンスを見送るにしのびなかったようである。

一方彼が姉のシャーロット（当時グウィン夫人でシャッティと愛称）あてにしたためた手紙には、こうある。

——エジンバラの私の友人たちはしきりに私をステュワート教授の後任の候補として推薦したがっている。これは私にとっては大変な誘惑です。もし私にこの地位が提供されるとすれば、私はひきうけるかも知れない。——

グリーンフィールド教授からも彼に候補者として申し出るようにすすめる手紙が送られ、すぐに電報で返事をほしいとあった。この手紙は彼がグリーンフィールド教授に、このたびは辞退するという手紙を送ったのと入れかわりにオスラーに届いたものである。

オスラーは二月十四日付の手紙で、グリーンフィールドにつぎのように返事している。

——私はこのボルティモアでは非常に愉快にやっております。そして、ここでは私としては、まだまだたくさんやっておきたいことがあります。しかし打ち明けていえば、英語の通じる国にある数多い大学の中で、私のいちばん望むところはエジンバラの教職につくことです。——

これからの余生は英国で過したいという希いは、ひとりオスラーのみでなく、オスラー夫人にも切なるものがあった。それに息子のリヴィアの教育はどうしても母国でさせたいと二人は考えていたのである。

オスラーとシェーファーとの間には、その後もしきりと手紙のやりとりがあった。ためらうオスラーに対して執拗に誘うシェーファーの努力が功を奏して、三月十四日にはオスラーはいよいよほんとうに候補に立つ決意を電報でシェーファーに知らせ、大学教授審査委員会に提出すべき経歴、研究、著作内容の目録を郵送した。このニュースは早くも三月十七日の英国医学雑誌上に報道され、すぐにまた逆にアメリカ全土にひろがった。オスラーはちょうど、インフルエンザのためにそれからの一週間は床に就いて人に会うことを避けていたが、なんとかして彼をひきとめようとする先輩、友人、学生が彼の門前に集まった。

ジョンズ・ホプキンズの総長のギルマン博士は親書をしたため、オスラーが今日までジョンズ・ホプキンズ大学に対してなした偉大な業績と、学生に対して与えた立派な感化とをたたえ、ようやく足並をそろえて立ち上がった大学の将来のために、なんとかして思いとどまるように熱願した。またオスラーのそばにあって、そのたび重なる気管支炎の発作を心配していた同僚は、寒いあのエジンバラは健康上からもよくない、きっと肺炎になって倒れてしまうだろうと案じ、彼をむりやりにでも引き止めようとしたのである。

三月二十六日、ついに彼は周囲の情勢に負け、意をひるがえして取消しの電報をシェーファーに打電した。住み心地のよいボルティモアの大学や彼を慕う幾多の若い人びとをふり切って英国に渡ることは、オスラーとしては結局しのびなかったのである。オスラーは、ふたたびここにボルティモアの人としていままでの途を歩きつづけることになった。

このころ上院ではふたたび動物の生体解剖禁止法について論争がさかんに行われた。オスラーは、ウェルチ、ボーディッチ、キーンたちとともにこの法案が議会を通過しないように猛烈な反対運動を展開した。その委員会の席上でウェルチは、代表として反対意見を発表し、アメリカの今日の医学の進歩はじつに動物実験によることが大であると述べた。またわれわれの生体解剖禁止法反対は、科学の名においてするのみでなく、ほんとうの、また、ひろい意味においての人道主義の立場でなされるということを強調したのである。

社会医学と治療医学（一九〇〇―一九〇三）

六月になるとオスラーは英国に渡り、ロンドンでメリーランド医師会図書館におさめるべき数百冊の本を買い求めた。また彼の尊敬する外科のハチンソン教授の主催する医学校卒業生のための会に出席して「大学卒業後の研究の重要性」と題して講演した。

オスラーは当時の英米の大学がともするとひとりよがりになり、ある一、二の教授についてのみ学び、また自分がどこそこの教室員であるということに誇りを感じ、その門から外に出てひろく知識を求めようとする心が少ないことをとり上げ、卒業後はできるだけ他の大学や、また外国に出て、国際的な医学を修得することをすすめた。彼は、かのハーヴェイが新しい循環説を発表したときに、四十歳以上の学者はひとりとしてこれを受けいれなかったその事実から、四十歳になるまでに自己を築き上げることが大切であると説いた。「人は四一歳を過ぎるとたいていは陳腐になり開拓者となることはむずかしく、また文学や科学の世界で創造者となることはまれである。しかし卒業後の不断の研修さえなされれば、学者は早く老いることがない」と述べた。

十七世紀から十九世紀までの三世紀は、医学はおもにイタリア、フランス、ドイツ、英国で築き上げられたのであるが、二十世紀の新しい医学はいまやさらに西の、新天地アメリカに移りつつあることを彼は確信し、この英国医学徒を前にしての講演に「英国の若い医学者は太陽の沈むアメリカの地にもっとも強いインスピレーションを見出すであろう」と結んだ。

この夏、オスラーはふたたびノリッジにトマス・ブラウンの墓をおとずれた。ここの博物館に保管されてある彼の頭蓋骨が、支える台もなくごろごろしているのを気にしていたオスラーは、このときあつらえさせた台を用意していき、これを博物館に寄贈した。

八月にはパリで第八回国際医学会が開催されウィルヒョウ、リスターをはじめ六千名の医学者がこれに参集した。オスラーはこの会に出席することをとても楽しみにしていたが、トロントにいる弁護士の兄のブリトンの容態が悪化した報を聞き、急いでカナダに帰った。兄はひとまず落ちついたが、翌年二月に死んだ。これは六人兄弟の中の最初の不幸であった。

九月となり学期が始まるとともに、オスラーはウェルチといっしょになって新しい結核研究会、すなわちレンネック会をおこした。これは内科医のほかに外科医や、上級の医学生、その他の有志によって組織された。結核研究のための実験室も作られることになった。

第一回の例会は十月下旬、オスラーの司会で始められた。この会では女子医学生であったダッチャー嬢が百九十名の外来の結核患者の家庭訪問によって得た資料により、結核の社会的ならびに家庭的状態について報告した。この家庭訪問は、最近日本でも始めている保健婦の訪問に似ているが、早くも一八九八年ごろからオスラーが学生を使って始めたことである。訪問先では病気の性質、伝染の防止・予防などを教えさせ、また患者の家ではできるだけ懇切に、またくつろいだ態度で指導し、病人の気に障らないように、とくに注意した。

この女子医学生によって始められた試みがその後しだいにみとめられ、結核を社会医学、公衆衛生の立場から研究する傾向が一般の間にも生じ、また諸病院内に「社会奉仕」の一分科ができて、これに専心する医者さえみられるようになった。

当時アメリカでは、全土に百万人以上の結核患者があり、その中の十五万人は年々死亡していった。オスラーはこの会の席上でボルティモアの人びとの全死亡数の中でその十分の一は結核性疾患によることを述べ、作家ド・クウィンシイによって書かれた結核の惨状を読んで聞かせるのであった。

三年ごとのテキストの改訂版をまたしても出さなければならない一九〇一年が早くもおとずれた。テキストは学生に最新の、またもっともたしかな知識を与えるものとして生きたものでなければならないという主張のもとに、オスラーが捧げたテキストへの熱情と努力とは、他のいかなる学者もこれにおよばぬものがあった。改訂のためにはいつもできるだけひろく同僚、弟子たちの援助を求めたのである。

一月にはボストン医学図書館の新しい建物の献堂式に招かれ、挨拶がわりに「本と人」と題して短く語った。

——患者を診《み》ずに本だけで勉強するのは、まったく航海に出ないに等しいと言えるが、半面、本を読まずに疾病の現象を学ぶのは、海図を持たずに航海するに等しい。——

このころ彼は忙しい中にも「十九世紀における医学の進歩」と題する叢書の中の一部を引き受け、十九世紀の主要な研究の発展について書いた。

この本の中には病気の治療に関する面白い章がある。これは最近、ことに第二次大戦後にアメリカ医学を支配してきた心身医学の萌芽ともみなされる。

彼は新しい治療法として精神療法が非常に有効であることをあげ、患者になにかを信仰させることが病気の治癒に効くことを述べている。

——信仰は人生の槓杆《こうかん》(テコ)である。これなしには人はなにもできない。またたとえけし粒ほどの信仰にしろ、これがあれば人は何事をもなしうる。患者がわれわれ医者を信じること、また薬や治療の方法を信じることは、医業を営むものにとっていちばん大きな宝物である。

ガレンはいう、信頼と希望とは医術にまさる力があると。——

オスラーは歴史上に多くの聖徒が病人を癒した事実を、すべて患者の信仰によるものとし、またそのころのクリスチャン・サイエンスの信奉者の間での不思議な力も、一種の信仰によるものと考えた。

——われわれ医者はその同じ力を毎日使うことができる」一見、足が麻痺して何年も見込みなく床に就いている女性も、もし私のところにきて、私を信じて治療を受けようとすれば二、三週とかからずに立ち上がることもできる。しかし、この信仰には限界がある。それは死人を癒すことはできず、悪い眼をとって新しい眼を入れ替えることはできず、また癌や肺炎を癒したり、骨をつけたりすることはできない。

しかし信仰は貴重なものであり、これなくしてはわれわれはうまくやることはできない。——

この本は叢書の最後を飾るまことにすぐれたものであった。しかもこの本の印税はすべてメリーランド内科外科医師会の負債のためにささげられたのである。この会の会計をしていたアシュビーは、正月早々オスラーにつぎの手紙をしたためている。

オスラー博士殿

あなたのような寛大な心をもち、また善行を通してみずからの心を幸福にさせる術を心得ることは、この世でいちばん神に近づくことになります。

私はあなたほどに、人に与えることを喜ぶ人を知らない。このことは、あなたがいつも幸福であることの一つの理由です。

私がもしあなたよりも長生きしたら、自分の全財産を投じてでも、あなたの記念碑をメリーランド医師会に建てたい。私はあなたのされている善きことを、ごいっしょに喜ぶものです。私たちは三月の会までに負債をなくすることができると思います。少額の寄付はつづいてなされるでしょうから。

トマス・A・アンュビー

春には、アメリカ内科医学会や外科学会、医科図書員協会などの会合がところどころで行われたが、彼はいずれにも出席し、講演もした。

夏になってから夫人、子どもを連れて英国に渡った。さらにフィラデルフィア大学時代の助手ロックとともにオランダの各地を旅行し、大学をおとずれたり、古書をあさったりした。オスラーの書籍蒐集熱は年とともにしだいに昂ずるばかりであった。この旅行中に彼はつい買い過ぎてしまって帰りの電車賃がなくなることもよくあった。この旅行中に彼は第五十二回目の誕生日を祝った。

アムステルダムからグロニゲンに行き、ここで若い教授ウェンケバッハと知己になった。彼とはその後終生の交わりをつづけることになった。ここグロニゲン大学の図書館には宗教改革者マルチン・ルターの聖書があることを知って、これを見たいと申し出て、そんなことにまったく無知識であったウェンケバッハを当惑させたそうである。

七月にはロンドンで英国結核学会が開かれ、二千五百名の出席をみた。オスラーは、アメリカを代表して挨拶を行なった。いろいろの人がかわるがわる挨拶する場合、オスラーの挨拶はきまって簡潔であるがいつももっとも要領を得ており、また示唆するところが多かった。

九月にはまたボルティモアに帰った。十月にはニューヘブンのエール大学で五十年祭があり、全米の各大学や各国からの代表者が招かれた。オスラーはジョンズ・ホプキンズの代表の一人として出席し、またとくに名誉の学位を授与されたのである。

十二月下旬には夫人の里ボストンに帰り、ここで楽しいクリスマスを過した。

一九〇二年の一月には、ボルティモアに結核対策委員会が組織されることになったが、市長や数かずの役人を前に叫ぶオスラーの言葉は聞くものの臓腑をつく激しさがあった。彼は五十万のこの街に一万人の結核患者がおり、これらのものがどんな生活をしているかをみんなに披瀝し、ついで市当局の怠慢ぶりを痛烈に非難するのであった。

――今日ご出席の市長さんは立派な仕事師であるのですから、私の苦言は聞き流していただきたい。

この古いボルティモアの街には、今日まで何代かの市長があったが、市民のためにはいったいなにがなされてきたことか。私がここに来て十三ヵ年という年月の間に、わずか若干の道路が舗装されたにすぎない。これ以外になに一つとり上げるようなものはない。市民病院の一つだって建たず、下水設備もされず、その他たくさんの申入れが、いまだになにも果たされていない。

そこで、私は市長さんに申し上げたい、――私たちはなにか新しいこと、よいことをやりたい。そのために市長や市会議員の古手を入れないで案をたててほしい。またこの街のことについて事務的な処理を真心こめてやる人を二、三人でよいから、私たちに世話してほしい。そうすれば一年とかからないうちに下水設備をしたり、伝染病院を建てたり、その他公衆の福祉となることはなんでもやり始めるつもりである。二、三年の中にはサナトリウムさえつくられるであろう。――

会の終ったのち、市長はオスラーの肩にやさしく手をかけて彼の忌憚のない忠告を感謝した。市長は後でほかの人に向って、「オスラー先生にどんなことを言われても、不思議なことにむかっ腹を立てる気にならない」といったそうである。

この結核対策委員会のほかに、結核の予防と看護のためにメリーランド協会が設立され、またジョンズ・ホプキンズ大学内に結核の特別講座がもうけられた。こうして結核に対する各分野の共同戦線の陣営は、ようやく活発な動きをみせるにいたったのである。

そのころ、ハーバード大学医学部では、ロックフェラーが多額の寄付を申し出て、それによって研究所がつくられることになった。

ロックフェラーが医学の研究に、その巨万の財を投げ出すにいたったことは、オスラーとの間に面白い関係がある。それはロックフェラー財団のゲイツ氏が、一八九二年にオスラーのテキストを非常に興味深く読んだことに始まる。彼は医者ではないのに、その文章と内容に魅了され、これを読み通した。そしてその中に記されたおもな病気が多くは伝染病であり、しかも原因も不詳、治療もこれといったものがないという医学の貧困さを知り、もっともっと医学研究がされなければならないと痛感するのであった。そしてベルリンのコッホ研究所や、パリのパスツール研究所では、そこに投資された金が、どんなに人類の福祉に貢献しているかということを痛感して、ロックフェラーに進言したことから、ついにロックフェラー医学研究所が誕生したのである。

三月五日付でゲイツあてにオスラーはつぎの手紙をしたためている。

――私はロックフェラー研究所に非常な興味をもつものです。きっと立派な仕事がなされることでしょう。病気を科学的に研究するということでは、アメリカはいまだにドイツに一目をおきます。わが国では大学に附属した最上の研究室でも、設備は不完全で、そこに働くものは教えることにあまり忙しすぎ、また助手も充分には与えられない。こんなことではほんとうに科学に専心しようとするものもすぐれた学徒を迎えることが、しだいにむずかしくなってくる。ここでいちばんの難事は、研究員の数と、月給の予算が制約されていることである。たとえばつい先週のこと、セントルイスのある学校に関係していた医者が私のところにやってきて、病理ならびに細菌学を専攻したいと申し出た。ところが今までのところでは年俸二千ドルを支給されていたという。この額はこの街のどの学校の職員の手当よりもずっと多いのである。――

以上のようにオスラーがアメリカの医学の将来のために現状を憂い、その改革のためにささげた努力がついには報いられて、今日の輝かしいアメリカ医学の殿堂を築くにいたったのである。

五月になってから、オスラーはまた例の持病でしばらく床に就いたが、その間、クスマウルの『若き日の思い出』を面白く読んだ。

六月には、サラトガで医科図書員協会の会合があり、彼はその席上でアメリカ医学の先輩を紹介し、また英国、ドイツ、フランスの流れをくんで、アメリカの医学が発展した過程を話した。

当時アメリカでは、医学史の講座が医学部の正規の学課課程には加えられていなかったが、オスラーはベルリンやイタリアの例をひいて正規の講座とすべきことを主張していた。

一九〇二年の夏は、英国に渡ることを断念し、カナダですごした。当時九十六歳の高齢にあった母が非常に衰弱してきたことと、秋のカナダ医学会での講演の準備などで忙しかったことのためと思われる。

カナダ医学会では「医学における偏狭」について語った。彼は科学の世界では、外国での研究や、他人の説は寛大に受けいれるべきであると説き、また研究室の秘密主義を大いに非難した。

カナダでは、ことにモントリオールではオスラーはいつも非常な歓迎をうけ、また彼のうけた尊敬と名声とは、他に類がないほどであった。オスラー夫人は、いまさらながらこの立派な学者の妻としての誇りを感ずる一方、自分の才がすぐれず、配偶者としてあまりふさわしくないという謙虚な思いを手紙の中に記している。

カナダに滞在中の一日ばかりは、トルドーのサナトリウムをおとずれた。

秋にはまたボルティモアに帰って、研究指導や、臨床に専心した。十一月中旬にジョンズ・ホプキンズ医学会で「多赤血球症を伴うチアノーゼ」を報告したが、これはのちにオスラー病とも呼ばれるにいたった。この症状の最初の記載は「赤血球過多症」としてフランスのヴァクエによってなされたが、これを独立した疾患として初めて取り上げたのはオスラーであった。

十二月にはニューヨークに出てここのアカデミー・オブ・メディシンで「上級医学生の教育方法の改革の必要性」を論じた。当時のニューヨークの病院では学生は患者を直接みることにいろいろ不便があり、病院は学生を病室に入れることを患者のために好まなかった。

「患者と接触することなしには医学教育は不可能である」と説き、当時の病院の閉鎖主義に対して警告を与えたのである。

年の暮に夫人はボストンの里に帰ったが、そこで百日咳に感染したことが始まりで、翌一九〇三年の正月には姪のグレースに、ついで息子のリヴィアに感染した。愛児が激しく咳き込み、苦しんで嘔吐するさまをオスラーは見るにしのびず、耳に栓をして、表に出ることがしばしばあった。しかし幸いに合併症もおこらずしだいにおさまった。夫人のほうも夏ごろまでは百日咳のような発作に苦しめられることが時折りあった。

五月の終りからは欧州に渡り、パリではピエール・マリーや、シャルマーの後継者レイモンたちにも会った。

秋十月には母校のトロントの大学に招かれて「医学の座右銘」と題して語り、一同に非常な感動を与えた。彼は臨床医というものは、生を享けたのは自己のためにでなく、他人の幸福のためであることを示すべきであると説き、キリストの言葉――己がために生命を得んとするものは、これを喪い、わがために生命を喪うものは、これを得べし――を教訓とした。彼はつづけていう。

――じつに諸君のごとき医業にたずさわるものほど、この聖書の教えを実践する機会に恵まれたものはない。

医療とは、ただの手仕事ではなく技術《アート》である。商売ではなく天職である。すなわち、頭と心を等しく働かさなければならない天職である。諸君の本来の仕事のうちで最も重要なのは、水薬・粉薬を与えることではなく、強者より弱者へ、正しい者より悪しき者へ、賢い者より愚かな者へ感化をおよぼすことにある。信頼のおける相談相手、家庭医である諸君のもとへ、父親はその心配ごとを、母親はその秘めた悲しみを、娘はその悩みを、息子はその愚行をたずさえてやってくるであろう。諸君の仕事のゆうに三分の一は、専門書以外の範疇に入るものである。

オスラーの患者に対する態度は、以上のような精神でなされた。彼は頭と心とでもって患者を診察し、かつ傷められた患者をできるだけ元気づけるように努めたのである。

オックスフォード大学からの招聘（一九〇四―一九〇五）

一九〇四年はオスラーにとっては、重大な年であった。この年はオスラーの生涯の、最後の段階への第一歩となったのである。

二月七日――この日はちょうど日露戦争の勃発した日であったが、――オスラーがワシントンのある上院議員の往診から帰ってみると、ボルティモア市の商業区に大火事がおこっており、強い南風がオスラーの住む西フランクリン街にも火の粉を落していた。夜がふけるにつれて、危険はしだいに加わり、避難準備の命令が下った。オスラーは大切な本や論文、衣服、家財等を車に積み、待機していたが、夜半をすぎると幸いに風向きが変り、やっと安心ということになった。

大学はしかしこの火事のために、街にもっていた財産の多くを失い、その後の経営に非常な支障をきたした。幸いにロックフェラー財団から、経済的に援助の手がさしのべられ、また病院の医者や看護婦の間でも給料の一部を病院に返上して、大学をみんなでもり立てていくという美しい努力がみられた。

この火事に相前後して、海のかなた英国では、オックスフォード大学の欽定教授、サンダーソン卿が引退するにつけて、その後任としてオスラーが候補者の一人にあげられていたのである。

この栄誉ある地位を継ぐべき候補者としては幾人かがあげられたが、その中からマンソン卿とオスラーとの二人が選ばれ、その後の断は首相のバルフォア卿が下すこととなった。

サンダーソン教授はバルフォア卿からオスラーをどう考えるかと聞かれたとき、「ああ、この人ですよ。この人こそは――」と思わず自分の額をたたいて叫んだのであった。

サンダーソン教授は、かつての自分の教え子であるオスラーに親しくつぎのような手紙を書き送った。

親愛なるオスラー殿

――私は、病理学のリーダーであり、病理研究所のよい指導者であり、かつまた現在のアメリカ合衆国中のだれよりも高い科学者の位置にあるあなたこそは、わがオックスフォード大学の欽定教授の第一番の候補者であることを、同僚と口をそろえてバルフォア首相に推薦しました。

……もしこの地位があなたに与えられれば、これを引き受けられる意思があるかどうかうかがいたいのです。

私がこの職をこのさい退くのは、自分の健康が思わしくなく、衰えてゆくこの体では、職責が果たせないと考えるからです。……

オックスフォードで催されるつぎの英国医学会には、あなたは出席されることでしょう。夫人といっしょにぜひ拙宅へお越しください。もっと早くこの手紙を書くはずでしたが、病気のために遅くなったしだいです。

サンダーソンより

この手紙をオスラーが夫人の手に渡したのは、カナダの海岸に避暑に出かける途中の車中であった。そしてこの日、六月十九日は、オスラー夫人の誕生日にもあたっていた。目的地に着いた日は折悪しく日曜日で郵便局は休みときていた。夫人は、候補の申し出の打電が一日でもおくれるのを非常に惜しがっていた。

「お前は、私が早くアメリカを去る日がくればよいと、いつでも支度して、待っている」と夫人をからかうオスラーの瞳は、異様に輝いていた。

オスラーは六月二十一日付でサンダーソン先生につぎの手紙を書き送っている。

敬愛するジョン・サンダーソン卿

私の名前が、先生の後任の候補にあげられていることを聞くと、頭がのぼせる想いがします。……

ここボルティモアでは、私は英語を話す他のどの国ぐににいるよりも、非常に幸福に感じます。またここではいろいろのすばらしい便宜も与えられますが、私はあまり働きすぎてしまって、この上公衆のために奉仕したり、また私の教授生活をつづけることは、非常に辛く思われます。

私はこの三十年間というものは、ぶっとおしで働いてきました。ここで、少し重荷をおろして体を楽にさせるときがほしいのです。本の印税で私はちょっとした資産をつくりました。いまはある程度経済的にひとり歩きもできます。ただ、私としてて気にかかることは、オックスフォードの新しい地位に附帯する私の義務がどんなものかということです。

私は臨床指導に興味があり、これが大好きです。また私は臨床的な仕事に心を傾けてきましたが、その臨床的な仕事から医業のもつある価値が私に示されたのです。

私が今までの地位を去りオックスフォードに赴任した場合、もしロンドンに出て臨床的な仕事に従事しえないならば、学生との毎日の交わりもつづけられなくなって、心は非常に淋しいのです。

しかし、一方、私の手元にある未完成の文献をまとめ上げることは、新任地でのアカデミックな時間を利用して初めてなしうることであろうとも考えられるのです。

貴殿からの御親切な御招聘を感謝します。

オスラーより

こうした手紙のやりとりがあり、オスラーの心もこのことにとらえられる時間がすくなくなかったが、彼はあいかわらず教授としての責任を忠実に果たし、また一般の診療に、学会の出席、講演、著述などにできるだけの精力をそそいだ。

この年には、三年ごとのテキストの改訂(第六版)を果たし、また結核に対する一般の関心を高めるために、年頭には結核展覧会をウェルチたちとともに計画した。

三月下旬にはオスラー、ウェルチ、フリックたちの世話で全米の代表医六十五名がフィラデルフィアに集まり、合衆国結核研究協会が設立され、六月にはカナダのアトランティックでトルドーを会長として第一回の会合が開かれるにいたった。この副会長にはオスラーとビッグスの二人が選ばれたのである。また、結核研究および予防対策国民協会の実行委員としてトルドーを援けて活躍したのである。

オスラーはまた五月には、ハーバード大学でのインガーソル講演をひきうけ、「科学と霊魂の不滅」と題してきわめて文学的な講演を行なっている。テニスンの『イン・メモリアム』は不死ということに対してオスラーに非常な示唆となったものである。またハーバード大学はオスラーにL・L・D（Doctor of Laws 法学博士）の称号を贈った。

七月中旬になるとオスラーは英国に渡り、ロンドンにおもむき、ついでオックスフォード大学をもおとずれた。

滞英中の八月四日には、彼はバルフォア首相から、オックスフォード大学の欽定教授を受諾するようにとの手紙を受けるにいたった。

八月六日、帰米の船上からセイヤーにあてた手紙には、彼のこの決意が率直にあらわれている。

——君は私がオックスフォードの医学教授の地位を引き受けて、来春には出発すると聞いて、きっと驚くことだろう。このことはけだし重大なステップです。しかしすべてのことから考えて、私はよいと思ってするのです。私は今人生の下り坂にあり、過去三カ年の冬の体の調子から、引潮に乗っているものと思っている。まだゴムに少しは弾力性の残っているうちが、よい去り時だと思う。

君たち若いものとわかれるのは、まことに心苦しいきわみです。しかし、私は六十歳ですべてにきりをつけようと決心したから、今ここで去るのも、四年だけ早くきり上げるにすぎない。

私はもう一度、この年の冬を君たちといっしょに楽しくすごして、それからあの静かなアカデミックな大学の生活に入りたいと思う。――

オスラーは帰国の途上二十年間ともに働いたミッチェル教授を初め、同僚のハルステッドその他の友人弟子に訣別の決意を手紙にしたためた。これほどまでに美しく、密に結ばれたジョンズ・ホプキンズ大学の交わりの環を彼みずからが最初にうち切ることは、彼としてまことに心苦しいものがあった。

九月中旬、新聞はボルティモアに帰った彼の名を大きくかかげ、ジョンズ・ホプキンズ大学への彼の貢献をたたえるとともに、大学として、またアメリカとして、この人を失うことによって受ける打撃がいかに大きいかを書きつらねた。

彼は単に大学内の研究、診療に貢献したにとどまらず、大学と社会とを密に結びつけ、社会の問題を大学において取り上げ、また大学が社会に進出して、これを教育し指導するという行き方に全力を捧げた。ジョンズ・ホプキンズ大学は他の大学によくあるような象牙の塔ではなかったのである。

彼の――『平静の心』その他の講演集――はこの秋に出版された。

これは医業に従事している医学生、看護婦、臨床医がいかに生きるべきかを示し、立派な人間としての教養を与える良書である。この本の最後の頁には医学生として読むべき本を十点あげている。旧・新約聖書、シェークスピア、モンテーニュ、プルターク英雄伝、マルクス・アウレリウス、エピクテートス、医師の信仰、ドン・キホーテ、エマーソン、オリバー・ウェンデル・ホームズの朝の食卓叢書など、これらを就眠前に三十分ずつ読むことをすすめている。

明けていよいよ決別の年一九〇五年となった。二月二十二日は、ジョンズ・ホプキンズ大学の創立記念日で、種々の催物が行われた。この前日には結核専門の診療部門としてのフィリップス診療所が病院に附属して開所されることになった。これはオスラーの多年の努力と、ヘンリー・フィリップスの寄付とによるもので、オスラーのおき土産の一つである。

創立記念日のもっとも特記すべき会合はオスラーの告別講演会であった。学生、卒業生、職員らであふれるマッコイ・ホールの壇上に、五十五歳のオスラーは万雷の拍手をうけて立った。多年にわたる重い責任、真摯な研究生活、不断の努力などによって傷められた体ではあったが、壇上に立った彼の姿にはじつに力強いものが感ぜられた。彼はこみ上げる感激を抑えつつ、ポケットから原稿を出して、告別の辞「定年の時期」を読み上げるのであった。

彼はまずジョンズ・ホプキンズを去る決意をしたことについての心境を述べ、ついで自分が去るにさいし、とくに感じたいくつかの大学生活に関する問題を論じた。教授としてあまり長く一ヵ所にとどまることが危険であること、また人の移り変ることは教職員のためによい効果があること、とくに若いものにとっては、大学を巡回することがためになること、教授の在職期間や、定年制をきめることの利点等について語った。

彼は、日常よく友人に語った二つの持論をこの席上でも披瀝した。第一は人が四十歳を過ぎると役に立たなくなるということである。

――今日までの世界史をひもといてみると、科学、文学、美術等の領域において、なされた主なる業績は多くは四十歳までのものによってである。世界をゆるがせる、生気のある、また立派な仕事は、二十五歳から四十歳までの輝かしい年代になされたものである。

医学の世界における科学と技術に関しても、その進歩の第一線はすべて若い人びとが築いたものである。かのヴェザリウス、ハーヴェイ、ハンター、ビチャット、レンネック、ウィルヒョウ、リスター、コッホらが画期的な研究を発表したのは、まだ若い血気時代であった。――

ついでオスラーは、第二の持論として、六十歳の峠を越すと、人は駄目になる、――経済でも、政治でも、また教育においてはもちろん、六十歳になったときに身をひくことは非常によいことであると述べた。

また教師の生涯を二期に分け、二十五歳までが勉学、四十歳までが研究、六十歳までが教えるにふさわしい時期であると説いた。

ついでオスラーは、ジョンズ・ホプキンズについて語り、いまや大学の基礎ができ、医学に貢献するところ大であることを喜び、最後につぎの言葉で講演を結んだ。

――私は自分の墓碑銘として書かれたいと希うことは、私が患者の大勢いる病舎で医学生を教えたという一事である。このことを取り上げたい理由は、私が今日まで神の命令のもとに従事した仕事の中で、このことがいちばん有益であり、また重要なものと考えるからである。——

翌日の新聞は彼の行なった告別演説を紹介すると同時に、彼の渡英を惜しむ言葉で紙面が満たされた。

この講演はあまりにも老年組の連中に強く響いて、言いすぎであるとの非難が一部におこった。オスラーとしてはまったく予期しなかったことである。

四月中旬にはモントリオールの医学校で、「学究生活」と題して、アメリカとカナダを去る訣別の辞を学生に送った。モントリオールから大急ぎでトロントにまわり、当時九十九歳の老母にしばしの別れを告げた。

四月下旬には、ボルティモアの内科外科学会の席上で合衆国の医学界に対して、告別の演説を行なった。

五月二日には、ニューヨークにおいて、カナダおよび合衆国の各地から五百人の医学者が集まり、彼のために送別晩餐会が催された。フィラデルフィアの旧友タイソンが司会し、シェファードはモントリオール時代のオスラーを、ウィルソンはフィラデルフィア時代のオスラーを、ウェルチはボルティモア時代のオスラーを回顧して語った。先輩を尊敬し、同僚を愛し、弟子をいつくしんだ彼は、あらゆる層の人びとから惜しまれ、このほか数知れぬ送別会が催されたのである。

五月中旬に催された結核対策委員会出席を最後として、十九日にはニューヨークから船に乗り、二十七日の夕、目的のオックスフォードに着いた。そして彼の家族のために準備された住居に案内された。

ボルティモアにくらべて、ここはまことに静かな街であった。風は五月の木とはいえ、まだ冷たかった。心地よいベッドに疲れた体を横たえ、眼をつむると、出発前から今日までのことがパノラマのように展開される。

彼はもういちど眼を開き、天井に映るランプの影をみながらひとり語った。

——私はすっかり消耗してしまった。やっといま、この自分をとり戻したような気がする、六週間ぶりに……あるいはそれよりも、もっとになるかも知れない。

——

第三章　英国時代（一九〇五―一九一九）

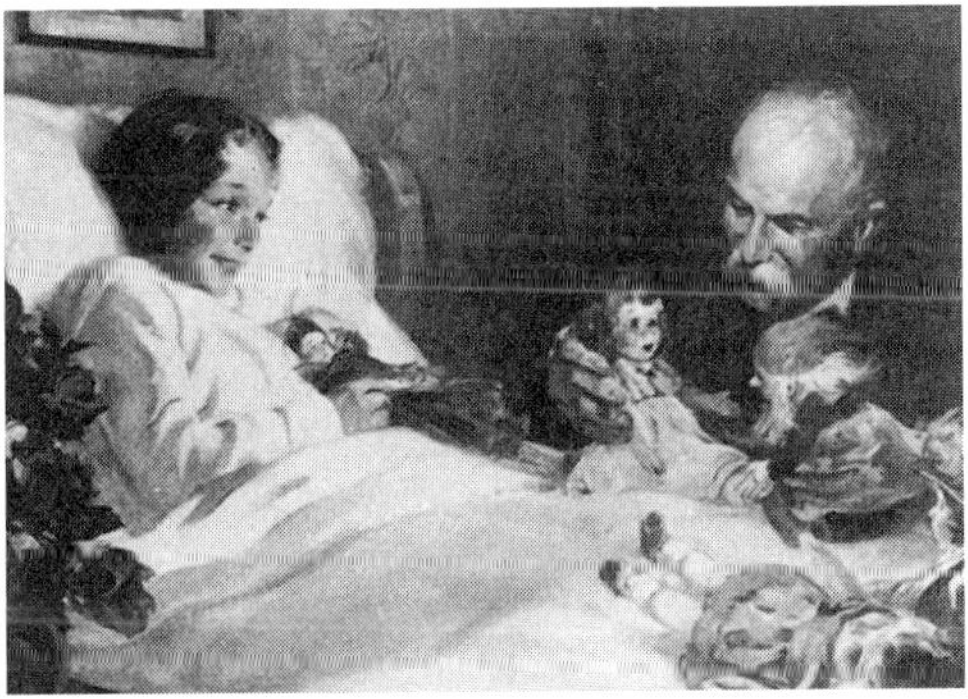

病気の少女を往診するオスラー

オックスフォードの生活（一九〇五―一九〇八）

小鳥のさえずりにオスラーは朝早く目をさました。合衆国のにぎやかな都会に長年暮した彼にとって、こうした朝のひと時は非常にめずらしく感ぜられた。オックスフォードでは五月といえば、一年の中でいちばん美しい月であった。りんごの花が美しく咲き、ライラックが香る季節である。このノーラム・ガーデン七番の住居で、オスラーはしばらくの間疲れた体を休めた。

オックスフォードに着任してすぐ、オスラーは学友の一人につぎの手紙をしたためた。

――私はこの二日間というものは、ひどいホームシックにかかった。ここの静けさは、かえって怖ろしい。

息子のトミーも、外に出て思いきり大声をはりあげたい気持になる、なんて言っている。私は静かな、アカデミックな生活に落ちつかねばならぬことになったが、すぐにまたこの生活が好きになるだろう。――

オスラーはオックスフォード大学の欽定教授に就任すると同時に、ボドレイ図書館の監理者の一人に任ぜられた。

ボドレイ図書館は、外交官であり、政治家であり、またエリザベス女王の寵愛をうけた、かのトマス・ボドレイが創立したものである。

彼は、この図書館の整備、発展のために、フィラデルフィアの医師会図書館や、ボルティモアのメリーランド医師会図書館に対してつとめた以上の尽力をした。六月早々には、さっそくその委員会に出席している。

彼は、医書にかぎらず、なにかすばらしい本や、めずらしい原稿や写本が発見されると、さっそく、これを図書館に蒐めさせた。また名士がオックスフォードをおとずれたときは、かならずこの図書館に案内した。図書館の職員の誰かが病気だと聞くと、すぐに出かけて行って見舞った。

オスラーがオックスフォードに移ってから、しばらくはあまり来客もなかったが、そのうちに、アメリカ時代のように、この家には訪問客が絶えなくなった。その後残る十五カ年の余生中、二、三人の来客さえないという日は一日もなかった。

六月上旬には、ジョンズ・ホプキンズの同僚ウェルチ、ホルステッド、ケリイの三人がそろってオスラーをたずね、このとき四人はサージェント画伯のカンバスにおさまった。この記念すべき油絵は現在、ボルティモアのウェルチ記念図書館にかかげられている。

オックスフォード大学では、当時その医学校に、生理、解剖、病理、薬物の各教室があり、それぞれ単独の実験室も持ち、比較的活発な動きがみられた。医学生は、四、五年になるとロンドンに出て、ここのラドクリフ病院で臨床を学ぶことになっていた。この病院は百五十のベッドをもっていた。オスラーにはこの病院の経営、職員の任命、学生の教育などの一切の責任が負わされていた。

彼はこの病院のほかに聖ジョージ病院の講師も引き受け、ときどきここをおとずれて、講義や指導をした。さらにまた彼は、オックスフォード内のクライスト・チャーチの研究員とされていた。

こんなふうに、仕事は相当にあったが、アメリカ時代にくらべるとはるかに楽であり、自分の時間が許されていた。

夏休みには、午前中はいままで放っておいた動脈瘤に関する論文を整理した。息子のリヴィアはその間家庭教師について勉強した。午後になると親子二人で川に釣りに出かけた。

リヴィアは十一歳だというのに、背丈はもう父親の耳のところまでものびていた。背ののびる素質は母親の兄弟似のようである。

当時ケンブリッジ大学にはカナダ出身のオールバット卿が欽定教授の席を占めていた。彼はオスラーよりは十三年先輩であった。オスラーはオックスフォード大学に来てからは、しばしばケンブリッジに彼をおとずれた。この二人の間には、単に医学者または教育家としての交わりのみでなく、心の友としての美しい交わりがあった。二人はよく、医学教育について語り合った。学生の教育、その他大学の組織に関しては、オールバットはオスラーの意見を非常に高く評価していたようである。

十月十二日には、ロンドンのガイ病院の学生医学協会に招かれて講演をした。これは英学生を前に試みた最初の公開講演であった。彼は、「トマス・ブラウン卿」と題して、ブラウン卿の経歴、思想ならびに著書を語った。

トマス・ブラウンは一六〇五年にロンドンで生れ、オックスフォードのペムブローク大学に学び、医学をおさめた。彼はオックスフォード州でしばらく開業したのち、一六三〇年から一六三三年にわたってアイルランド、フランス、イタリアなどを遍歴し、帰途オランダのライデン大学でM・D(医学博士)(Medicinae Doctor = Doctor of Medicine)の学位を得た。在欧中彼は、どの国の人びととも胸襟を開いて心からなる交わりをもった。一六三四年にロンドンに帰り、一六三七年以後は、イングランドのノリッジで医業にたずさわった。『医師の信仰』は、彼が三十歳のとき(一六三五年)に書いた彼の宗教論で、彼自身この書を「私自身への私的な修練」と説明している。これは一六四二年に出版され、当代の英国の哲学者ディグビー卿によって高く評価された。この書は、二年後にはラテン語に翻訳されて欧州に普及し、ついでオランダ、独、仏語にも翻訳された。

「我は女に真の愛情を注ぎたることなし。されど徳やみずからの霊や神を愛するがごとくわが友を愛したり」

「我は神を忘れて自然の名をあがむることなし」

「神をば神のために愛し、わが隣人をば神のために愛すること、これぞ愛なりと我は考う。すべて真に愛すべきものは神なるか、さなくば神の反映をとどむるいわばその分身なり。五感に動かされて我らの愛するものは、かかる純潔なる名に値せず。かくて我らは肉眼に見えざる徳を愛す」

『医師の信仰』より

一六七一年にはチャールズ二世が彼をノリッジにおとずれ、卿の称号を贈った。彼は一六八二年、満七十七歳でこの世を去った。

医者として、宗教文学者として、哲学者として、また倫理学者としてのブラウン卿を、オスラーは若き医学徒の心に銘記させようと熱弁をふるった。

講演はつぎの言葉で結ばれている。

――医学生にとっては、トマス・ブラウン卿の著書は非常に積極的な価値がある。あの美文にもられた高い思想の魅力は、あるいは読者をして、よき文学の愛好者たらしめるものであろう。しかし、それにもまして、なおよきものをもたらすものである。マルクス・アウレリウスの『自省録』やエピクテートスの『手引書《エンキリディオン》』のごとく、『医師の信仰』は、なお弾性に富み、世俗的なものとの接触によって固くされていない青年の心に訴えるところの心の全からんとする誡め（新約聖書マタイ伝十九章十六―二十節参照）に満ちている。注意深く学べば、性格に安定を与え、人生の難問に対する分別ある見解を抱かせる助けとなる微妙な感化を、こうした本からうけることであろう。

早くから、こうしたたぐいの著者の指導を受け、「人生の好伴侶」とすれば、この終生の友たちの思想は、自分の思想となり、その友たちの歩んだ途は、自分の途ともなるのである。自己に徹し、義務に対して良心的に身をささげ、人類一般に対して、深い人間的な関心をもつこと――すべての教訓の中での最もよきこうした教訓を諸君はいま、学ぶべきである。これは、いまでなくしてはまたと得られない。――そしてこれらはトマス・ブラウン卿の生涯や、著書から得られる教訓の中にあるものである。――

オックスフォード大学には出版部があって、七百人のものが、その中で働いていた。その運営は十人の代議員によってなされていた。十一月には、オスラーはその代議員の一人に選ばれ、とくに医学方面の出版を担当した。毎週一回の代議員会には欠かさず出席し、その事業発展のためにつくした。今日でもオックスフォード医学出版部は英米の医学出版界の第一線にあって活躍しているが、これはオスラーに負うところがじつに大きい。

この年の十二月中旬から翌年一月中旬までの一カ月間、彼はなつかしいカナダと合衆国の地をたずねた。トロント、モントリオール、ボストン、ボルティモア、ニューヨーク、フィラデルフィアの各地をめぐり、いたるところで旧友や弟子たちの心からなる歓待をうけた。またほうぼうの大学の会合に顔を出した。ジョンズ・ホプキンズの若い医学生は、彼の話を聞こうとして、彼の行くところに群れをなした。

この旅の帰途、船の上では、彼の体は綿のようにぐったり疲れていた。帰ると持病の気管支炎がおこって、しばらく床に就くといったぐあいだった。しかし彼にとってはじつに楽しい一ヵ月であった。

一九〇六年三月下旬にはドイツのミュンヘンで内科学会が開かれたが、オスラーはこれに出席した。帰途、マルブルグではアショッフ教授に会い、フランクフルトではエールリッヒの研究所を見学した。マルブルグに立ち寄ったとき、あのサンフランシスコ大地震の報に接した。

ボルティモアでの大火のとき、各地から援助を受けたあの感激を想い出し、彼はさっそく、その救済のために、とくに何もかも喪って途方にくれている医者のために、一肌脱ごうと案を練った。帰国するや、さっそくビリングス博士らに手紙を寄せ、サンフランシスコ図書館の復興のために本を蒐《あつ》める運動を提唱し、またその実行委員として大いに尽力した。

オスラーはまたそのころ英国（イングランド、スコットランド、ウェールズ）ならびにアイルランド内科医師会を組織することを提唱していたが、一般の医師の協賛により、翌年五月にはこの会が誕生し、また季刊医学雑誌がこの会から発刊された。オスラーはその最初の主幹となった。当時この学会のほかに、英国ならびにアイルランド病理学会が設立されたが、オスラーはこの学会にも関係して、病理学会と臨床家との橋渡しの役を受け持ったのである。

十月十八日にはハーヴェイ記念講演会が開催された。この記念講演は一六五一年以降毎年催されている歴史的な会で、その講師に選ばれることは、英国医学会における非常な栄誉とされていた。一九〇六年度の会にはオスラーが選ばれた。彼は「血液循環の発見に示された真理の発展」と題して、一六一六年四月、ウィリアム・ハーヴェイによって発表された画期的な研究を追想し、彼の生涯とその研究態度、中世以来の科学に対する苦難の挑戦について語った。

彼は最後にハーヴェイがイギリスの医学に貢献した輝かしい業績を謳歌し、また彼の気高い人格を讃えるとともに、彼の歩んだ真の科学の途をたどる若き学徒の多からんことを熱願して、壇を下ったのである。

オスラーは医学者や、学徒に対してのみならず、一般大衆に対して語ることも非常に有意義であると信じ、与えられた機会を利用して大衆の啓蒙に尽力した。彼が十一月にカムデンの街で行なった公開講演では、個人衛生の諸問題、すなわち暖房と食物、勤労と慰安などについて、さらにまた煙草とアルコールの害について語った。

「もし、煙草とアルコールをみんな海に投げ捨ててしまえば、魚は大迷惑かもしれないが、政治家や医者の頭を悩ます諸問題が、一度に解決するであろう」と彼は述べている。

彼自身は、徹底した禁煙・禁酒家であったようである。

十二月六日には、ふたたび家族づれで渡米し、ボルティモアをおとずれた。ついでカナダの郷里に帰り、母の第百回の誕生祝いに列席した。老母を囲んで、六人の子ども、二十六人の孫、二十一人の曽孫たちが集まり、一同は長寿の喜びにあずかった。しかるにこの母はこの誕生日の後三カ月目に、急にこの世を去ったのである。母を亡くしたときのオスラーは年五十八歳であった。

一九〇七年四月、オスラーがフィラデルフィアの旧友ホワイトにあてた手紙には、母の死がつぎのように報じられている。

親愛なるホワイト君
ご親切なお手紙有難う。私たちは電報を受け取ってびっくりしました。ついその一両日前に、母が元気だという手紙を受け取ったばかりですから。兄が病気で死にかけていたのです。母はその兄といっしょに住んでたので、兄を案じてその病室を何回となく見舞っていたようです。このことが、母をひどく心配させたのでしょう。

母は美しい生涯を送りました。

Ohne Hast, Ohne Rest.（あせらずに、休まずに）……

オスラー

オスラーは一九〇七年の一月下旬には、かねて買い受け、手を入れていたノーラム・ガーデン十三番の家に移っていた。この家の各部屋はそれぞれフィラデルフィア室、ボルティモア室、ボストン室、モントリオール室等の名前で呼ばれ、夫人の手によってどの部屋もそれぞれ工夫して飾られていた。家具の配置や、カーペット、カーテンの色の取合せなどに細かく心を用いる夫人の高い趣味とまごころを、オスラーはどんなにうれしく思ったことか。二階からは裏庭をへだてて、大学のグラウンドが望まれた。

この新しい住居は、彼の終生の憩いの家となった。その後十三カ年間、彼は一度だって、この家から引っ越そうと思ったことはなかった。しかしこの家は、彼の、またその家族の安住の家であったというよりも、多くの親類・知己・弟子・学生・幼い子どもたちに開放された家でもあり、"Open Arms"(歓待の家)と、彼一人だけでなく、集うもののすべてが、この家をそう呼んだのである。

四月十三日の新聞紙上には、マギル医科大学の火災が報ぜられた。オスラーが幾多の貴重な資料を遺しておいたあの標本室も、おそらく灰燼に帰したのであろうと思ったので、彼はさっそくアボット博士に火事見舞の手紙をしたため、その復興のために大いに激励した。

それから一週間して、彼は海を渡り、カナダ、合衆国の東部の各地をたずねた。モントリオールのマギル大学では気づかった標本室が火災をまぬかれたのを見て、非常に喜んだ。彼は各方面に、復興資金を依頼して、母校をたすけたのである。

わずか二週間の旅行であったが、この間に、数かずの会合に顔を出した。五月六日のアメリカ内科外科医学会では「医学における実験の観念の発展」について語った。

六月にはロンドンで王立医学協会が組織されたが、オスラーはこの協会の世話役となり、その附属図書館設立に尽力した。この学会は一九一二年になってから、医学史科が設立されたが、オスラーはその会長にあげられている。

こうした方面の仕事や、それにラドクリフ病院の診察のために、オスラーは、オックスフォードとロンドンとの間を週に何回となく往来した。

オックスフォードでも仕事は増す一方であった。引退教授の後任を決めたり、学生の資格試験を受け持ったりして、多忙であった。学生の試験については、「オスラー先生はとくに思いやりがあり、親切であった」と当時の学生は述懐している。

医学生の教育に対しては、彼はあいかわらず、非常な関心と熱意とをもっていた。学問的な指導にあわせて、つねに医業を行うものとしてのモラルを強調した。

七月上旬にロンドンの女子医学校で行なった講演には、医学生としての人生哲学をつぎの言葉で示している。

――あなた方が生れてきたのは、世の中から、何かを得るためではなく、他人に幸福を与えるように最善の努力をなすことのためである。――

ちょうどこのころ、マンチェスター大学からオスラーを教授として迎えたい話があった。この大学ではオックスフォードでは得られないような臨床の仕事が多くあり、この点オスラーの関心をひくものがあったが、オスラーとしては、今オックスフォードを動く気持は毛頭なかった。当時オスラーの受け持っていた臨床の仕事というのは毎週火曜日のラドクリフ病院での臨床教授であった。これにはオックスフォードの医学生のみならず、ロンドン近在の開業医も多数集まって、彼から親しく教えを受けていた。

寒い冬がやってきた。

オックスフォード大学は建物が古く、隙間風の通る部屋も少なくなかった。冷えびえする部屋で催されるいろいろの委員会に出たあとは、体に障《さわ》ることが多かった。

オスラーは、自分のオックスフォード行きを賛成しなかったボルティモアの友人の心づかいを思いおこして、できるだけ注意したが、冬の間中は、すぐに風邪をひいて何回となく床に就いた。

一九〇八年の二月には全英にインフルエンザが流行し、オスラー一家も枕を並べて床に臥したようである。

ドイツ・フランス・イタリアの旅（一九〇八）

一九〇八年四月には、ウィーンでドイツ内科学会が開催されるというので、オスラーはジョンズ・ホプキンズ時代の弟子ブラットを連れてひさしぶりにドイツをおとずれた。オスラーは学会に出席したほかに、ドイツの各地の病院をめぐり、ピック、バウエル、ウェンケバッハといった新鋭の学徒に会った。このときの訪問記は同年五月のアメリカ医師会雑誌五月号に「三十四年後のウィーン」と題して掲載されている。この旅行中に、息子が病気と知らされ、急いで帰国したが、病気はただのはしかで、すぐに癒《なお》った。

四月二十七日にはケンブリッジの聖ジョン・カレッジでリナクル記念講演会が催された。

リナクルはオスラーがハーヴェイ、シデナムとともにもっとも尊敬していた英国の医人である。この会でオスラーはヒューマニストとしての、また文法学者としてのリナクルを語った。

テキストの第七版のために準備をする間に夏も過ぎた。オスラーは自分の体がなんとなく衰えていくように感じたので、秋から冬にかけてはしばらく仕事を離れて、ゆっくり静養しようと決心した。このためには、オックスフォードを離れることが何よりも必要であった。そこで彼は息子のリヴィアをひとり学校に残して、夫人同伴でパリに出かけた。

パリの宿に落ちつき、ベッドにゆっくり体をのばしたとき、三十四年ぶりに肩の重荷がおりたように感じた。マギル大学就任以来、いままで、研究と教育と社会人類の福祉のために心身と時間とをすべてささげてきた彼であった。

十月のパリはじつに美しかった。ボルティモアでよくみられたような晴れた秋の日がつづいた。午前中は書きものをしたり図書館に出かけた。午後は街を歩いたり、博物館や病院をおとずれたりした。

十月中旬に、彼は「タイムズ」誌上でジョンズ・ホプキンズ大学の生みの親ギルマン博士の逝去を知った。夫人がその記事を読んで聞かせたとき、オスラーは「私の父よ、イスラエルのしるべよ」と思わず叫んだ。彼はさっそくギルマン夫人に悔み状を書き、その中に、博士がアメリカの医学教育や病院の向上のためになした偉大な功績と尊い生涯をたたえた。

十月にはオックスフォード大学で、名誉総長の選挙が行われた。学生はオスラーをその候補に推薦して運動したが、自由党のチャーチル氏に惜しくも敗れた。オスラーはそのように中立で立つことはもともと非常に不利であった。中立では、ジョン・ラスキンが一八六二年に、またトマス・カーライルが一八七一年に当選したが、その後中立のものは毎年落選した。オスラーが敗れたりとはいえ、チャーチルの七二七票に対して六一四票の多数を獲ち得たことは、非常な驚異であった。

　オスラーの立候補は彼自身の意図でもなかった。彼は、自分はカーライルほどの偉才ではないのだからといって、落選してもさっぱりしていた。カーライルといえば、オスラーが幾多の教訓を得た人である。将来のことを思いわずらわず、現在に強く生きること、しかもその現実の中に理想を描くことをスコットランドの哲人カーライルから学んだようである。

　パリ滞在中、オスラーはよく近郊の墓場をおとずれて、フランスの偉人の面影をしのんだ。フランスではどこの墓場も四季の花に飾られて美しかった。またパリの街の広場には、合衆国や、英国ではみられないほど数かずの偉人の像が行く人の眼をとらえていた。オスラーは亡き偉人に対して非常な尊敬の念をささげるフランス人をうらやましく思った。この点英米人はフランス国民に学ばねばならないことを痛感した。

　病院においても、その名称には、レンネックとか、クロード・ベルナールとかの医人の名がつけられたものが少なくない。病棟の呼び名にしても、よく医人の名がつけられていた。また医学生にしても、めいめいがそれぞれ尊敬する医人を胸に抱いて医学を志したものが多いようであった。「尊敬する師」をもつフランスの医学生を、オスラーは幸福だと思った。

クリスマスには、リヴィアをパリに迎えて、一家で楽しい時をすごした。満十三歳の誕生を迎えたリヴィアは、パリの空にライト兄弟の飛行機を仰いで大喜びであった。翌一九〇九年の一月上旬には息子を英国に帰したのち、夫妻はパリを発ち、南に旅した。三カ月あまり親しんだパリを去ることは、非常に心残りがあったようである。ボルティモアのヤコブス博士あての手紙にはつぎの一文がある。

――この街を去ることは、私には悲しい。ここではだれもが非常に親切でした。パリはなんといっても偉大な街です。……ただ、残念なことには、ここには熟練した看護婦が一人もいないことです。……――

パリからカンヌにおもむいた。ここは非常に暖かな土地で、亜熱帯植物もみられた。オスラーは咽喉を傷めたため、ここに二週間あまり滞在した。その間に、医学大系の第四巻のために、植物性神経障害による疾患(血管神経性浮腫・クインケ浮腫・レイノー病など)の原稿を整理した。

二月上旬には、かねがねおとずれたいと思っていたローマの土を踏んだ。ここの気候はオスラーの体に適し、一カ月の逗留は非常に楽しかった。

ローマでは、マーチアファヴァやチェリ教授をおとずれ、マラリアの研究資料を興味深く見学した。イタリアの一八八七年の統計によると、マラリアの死亡率は、結核・肺炎・小児の腸疾患と同じく高率であり、マラリアによる死亡は一年に一万一千三十三名に上っていた。それがしだいに低下し一九〇七年には四千百六十名に減少した。これは過去二十年間の絶えざるマラリアの研究と、その対策による成果である。このことに関して、オスラーは「イタリアにおけるマラリア」と題する一文を草して、「タイムズ」誌に送った。

ローマでは大学、図書館、寺院などを訪問する往き帰りに、よく古本屋に立ち寄って時間をついやした。他の国では探せない中世のめずらしい医学書や、写本などが、ひどく彼の心をとらえた。よいことはなんでも、思案することなく即決して実行するというのが彼の日常のやり方であった。本を求める場合はとくにそうで、帰りの車代さえつぎ込んでしまう彼であった。のどから手の出そうな本がたくさんあったが、その日記には、どれも高くてなかなか手が出ないと書いている。

彼が本を買い求めるのは単に自分の文庫を豊かにするためのみではなく、彼となじみ深いカナダ、合衆国、英国の図書館への寄贈のためであった。ここで買い求めたヴェザリウスの「人体解剖書」第二版(一五四三年版)三冊の中、一冊はマギル大学に、一冊はボルティモアのメリーランド医師会図書館に寄贈した。マギル大学に贈ったこの本には、一九〇九年三月九日の日付でつぎの言葉が書かれている。

――解剖が、ヴェザリウスの精神を活かして正確に、また徹底して研究されて今日にいたったわが母校の図書館に贈る。

ローマにて――

彼はローマを中心にフィレンツェ、ヴェネツィア、ミラノなどもおとずれた。「あまりにも見たいことやしたいことが多すぎて、心はかき乱され、私はまったく、「多血のために精神的に腹がつかえた状態だ」と手紙に書いている。

四月に入るとまもなくイタリアにわかれを告げ、七カ月ぶりにオックスフォードに帰った。

帰るとさっそく風邪をひき十日ばかり床に就いたが、かねての合衆国との約束のため、四月二十一日には、大西洋を渡った。

五月十日にはジョンズ・ホプキンズの医学史クラブの例会に出席し、セルヴェトゥスについて語った。セルヴェトゥスという人は、スペイン人で、本来は神学者であったが、のちにパリで医学をおさめた。一五五三年に刊行した「キリスト教復興論」の中で政治・天文・医学を論じた。この中の血液循環説では右心室の血液が心中隔を通り抜けて左心室に入るという中世の学説を否定し、右心室から出る血液はいったん肺を通って左心室に入ることを述べた。この説がさらに発展して、ハーヴェイの有名な血液循環説が打ちたてられたのである。なおこのセルヴェトゥスがこの著書中に説いた神学が異端視され、彼は火刑に処せられたそうである。

五月十五日には、オスラーがボルティモア在住のころ、非常に尽力したメリーランド医師会の新しい建物とオスラー記念ホールの献堂式が催された。

その席上で彼は「古きことと新しきこと」と題して語った。彼は新しいホールにオスラーという名が記念されてつけられたことに満腔の謝辞を述べたのち、こうした医学研究団体の成功の秘訣は、新しいものと古いものとを、また過去と現在とを、適当にとり混ぜることであると説いた。

合衆国からさらにカナダにまわり、トロントではオンタリオ州の医師会で「病気と治療」と題して語った。

この講演で彼は、古代から近代までの病気の概念の変遷を述べ、また新しい療法として臓器療法をとり上げた。彼は膵臓の作用と炭水化物との間の関係がもっと明らかになれば、糖尿病が癒る日がくるであろうと述べた。のちにインシュリンを発見して、糖尿病治療に貢献したバンティングは、当時まだトロント医学校の入学準備中の学徒であったが、このときのオスラーの講演に耳を傾けた聴衆の一人であった。

治療に関しては、オスラーはひろい見解をもっていた。十九世紀の後半以後、一般治療界では、薬をたくさん混合して投薬することが流行していた。薬をあまり用いなかったオスラーは、一部の学者から薬物治療無効論者などと悪口をいわれることがあった。オスラーとしては、投薬は治療のただ一部であり、このほかに病人の心理、環境を充分に顧慮することが真の治療だと解釈した。この講演では、信仰者の祈りがきかれて病が癒されることについて言及し、精神療法の実体をも説明した。なお、彼は、患者、とくに神経症患者に対しては、医者が患者の信頼をかちうる強い人格をもつことが必須欠くべからざるものであると述べている。

この二カ月の旅行の間、彼はいたるところで友人、教え子の歓待をうけた。この心の歓びこそは満六十歳を迎えんとするオスラーにとって、何よりも嬉しい贈り物であった。

この夏は、コーンウォールの海岸でゆっくり体を休めた。秋になってからは、英国における結核予防運動に本腰になった。当時合衆国ではすでに結核に対する組織的な対策がどんどん進捗していたが、英国ではそのころやっとオックスフォードを中心に動きかけていたに過ぎなかった。

十一月上旬にはオックスフォードで「結核の博覧会と会議」が開催され、オスラーがその音頭をとった。これが契機となり国民協会が誕生し、全国的な結核予防運動が展開されるにいたった。

この秋にはトマス・ブラウン卿の『医師の信仰』がオスフー所蔵の初版（一六四三年）を原本として出版された。この新版を、オスラーはほうぼうの図書館や知己に配っている。

ラムレイ講演その他（一九一〇）

一九一〇年の一月中旬、オスラーは腎臓結石の発作のため病床に就いた。その激しい痛みはモルヒネ注射でやっと鎮められた。そのころボルティモアの弟子パーカー博士あての手紙に書いている。

――私はもう活発な仕事につくことはできない。私は先ぶれをつとめる代りに、しんがりを行う。――

五年前に、ジョンズ・ホプキンズで行なった告別演説に、人は六十歳を過ぎるとだめになると述べた彼は、この同じ言葉を自分の場合にもはっきりみとめている。彼が今日まで精いっぱいの努力をそそいだテキストは、一九一二年版からはジョンズ・ホプキンズの内科にバトンをゆずろうとも考え、パーカー博士にもこのことをもらしている。しかし、テキストだけはこれをまったく手ばなすことがついにできず、その改訂の仕事は生涯の最後の年まで持ちつづけられたのである。

この年になってから、満十四歳を過ぎたリヴィアはオックスフォードを離れて、南のウィンチェスターの学校に送られ、寄宿生活をした。オスラー夫妻は日曜日になるとよく息子に会いに出かけた。リヴィアは父親に似てスポーツが好きで、クリケットをもっとも得意としていた。また昆虫採集などにも熱中していた。

三月中旬には王立医師会主催のラムレイ記念講演会に招かれ、演壇に立った。オスラーはこの講演のために、まる三カ月準備をしたようである。彼の題は「狭心症」であった。この狭心症という言葉はウィリアム・ヒバーデンが、一七六八年にやはりこの会で初めて紹介した言葉である。

オスラーは、「われわれの遭ういちばん急な死」の原因となるこの狭心症が、医者にとくに多いこと、また四十歳未満に狭心症のおこるときは、忙しさや公私のわずらわしい憂慮がその原因の重要な因子となることを述べた。最近の医学では、狭心症・高血圧・胃潰瘍などが精神の不安や緊張に関係するところが多いことを取り上げているが、オスラーはこのころすでに今日でいう精神身体医学的考察を重要視していたようである。

彼はこの年の六月十八日号の英国医学雑誌に「病を癒す信仰」という論文を発表している。当時英米にはクリスチャン・サイエンスが流行していたが、キリスト教でもない、また科学でもないクリスチャン・サイエンスがどうして病人を癒すかについて説き、これは一種の信仰による心理作用の効果であると説明している。

オスラーは、リヴィアが家にいないことを非常に淋しく感じた。オスラーは独身時代から小さな子どもとともにある生活を非常に楽しんできたからである。この年の春には息子の代りに友人の娘や姪を連れてきて世話をした。また五月末にはこの二人の女の子を連れて一週間、フランスまで出かけたりした。

七月上旬にはエジンバラで「肺結核その他の結核性疾患予防対策国民協会」の総会があり、オスラーは会長としてこれに出席した。

七月三日の日曜日午後にはエジンバラ大学のマクエヴァン・ホールで同年五月に逝去したロベルト・コッホの追悼礼拝が行われた。この礼拝で、オスラーは「人が人の贖《あがな》いとなる」と題して説教をした。

彼は聖句として「又人ありて風のさけどころ、……となり」(旧約聖書イザヤ書三十二章二節)「泣く声と叫ぶ声とは再びその中にきこえざるべし」(旧約聖書イザヤ書六十五章十九節)の二句をひいた。彼は福音につき説き、また黙示録の記者ヨハネの驚くべき新天新地の思想を述べ、最後にギリシャの哲人プロディクスの「人の生活を益するものは神である」という言葉をひいた。

六月下旬にはオックスフォードで眼科学会が催された。オスラーは招かれて、「専門家と専門」と題する講演をした。この会が終ると、この会の数十名の出席者を自宅に招いて、園遊会を開いた。オスラーは単に内科方面の医者のみならず、他のあらゆる臨床医学の医者とも、あるいはまた基礎医学の畠の人や、軍医たちともひろく親しく交際したのである。彼が専門外の学会や集会にもよく招かれて話をしたのは、こうした彼の徳と交友とによるものである。

オスラーほどの地位にあり、かつ多忙な学者であれば、なにかの会がすむとすぐ、急いで帰り、自分の仕事にとりかかるのがふつうであるが、オスラーは、こうした園遊会のために自宅を開放したり、また友達や学生を自宅に連れて帰ったりすることがおきまりになっているほどであった。彼自身としては、もっともっと原稿書きや読書のために自分一人の時間が欲しかったであろうが、彼は自分自身を人に捧げ、会に捧げ、社会に捧げる真の喜びに生きたのである。彼はやり出した自分の仕事をどんなところでも中断して、時間通りに、いろいろの会合に出席した。この時間を厳守することが、その会を健全に育んでいく最上の道と心得ていたからである。

六月末からは、夫人と息子を連れて、六週間の間カナダ・合衆国を旅行した。当時英国では、ようやく結核診療所建設の募金が始められた程度であるが、この渡米のさいには合衆国、ことにボルティモアでは結核方面の仕事が活発に行われているようすを見た。オスラーが、かつての日にまいた種が、これほど見事な実りとなったことを、彼は心ひそかに喜んだ。

秋から冬にかけては、腎石発作と気管支炎のために床に就くことがしばしばであった。この年の十一月にはペインの訃音《ふいん》に接した。ペインとは、オスラーがマギル大学卒業後間もなく英国で知り合いとなり、爾来《じらい》親しい交友をつづけた学者である。彼は当代の医学史研究家としては第一人者であり、またミルトンの研究家としても有名であった。

オスラーは月例のカレッジ・クラブの会食では、いつもペインとテーブルをともにして尽きない話題に打ち興じたのであった。ペインは有名な蔵書家で、中世の得がたい文献を多くもっていた。詩人ミルトンの初版の著書もたくさん蒐めていた。ペインが死んでから、その蔵書がどう処分されるか、オスラーとしては非常に気がかりであった。これの中の大部分は翌年六月、ある人により買い上げられ、ウェルカム歴史図書館に寄贈された。一部は競売に付せられ、オスラーもその中の若干を買い求めた。

エジプト旅行と授爵の栄誉（一九一一）

オスラーはかねてからパスツールを尊敬し、ヴァレリー・ラドによって書かれた『パスツールの生涯』は彼の愛読の書であった。一九一一年になってから、合衆国ではフィップスによってこれの刊行が計画された。そしてオスラーのところに、その序文を頼んできた。

オスラーが送った序文中にはつぎの一文がある。

——この書は若き科学者の必読の伝記である。また科学が人類のためになにをなしてきたか、またなにをなすことができるかを学ばんとするもののための伝記である。

……パスツールこそは科学の王国に入りえた人であり、もっとも完全な人である。

……

この本が出版されるや、彼はさっそくこれを友人、図書館に寄贈した。

オックスフォードの冬はあいかわらず寒く、たえずオスラーの体を脅かした。オスラーはかねてから、冬をさけてエジプトに遊び太古の医学の跡をたずねたいと計画していたが、ついにこの年の一月末にこの旅行を思い立った。イタリアまでは所用のため出張する兄エドムンドと同行し、それから先は意のままの一人旅をつづけた。

カイロに一週間滞在し、図書館や病院をおとずれた。それからアラビアとリビア砂漠の間を流れるナイル河をさかのぼっていった。河と砂漠との間の緑地帯にはいろいろの穀物がみのっていた。河の両岸は、切り立った断崖となっているところもあった。船から見る景色はじつに美しかった。一日五十マイルの船足で航行し、十日あまりかかってアスワンに着いた。

この船の中で、彼としてはめずらしく長文の手紙を親しい友人に書いた。どの手紙にも、ナイルの美景が述べられてあった。

トマス博士への手紙には、「エジプトはもし衛生さえよろしければ、天国であるが、街々はひどく汚れ、眼疾が多い。この地の人はみんなはだしで歩くので十二指腸虫病にかかるものが多い。蠅もすごく多い」とある。

オスラーはカイロへの途中、ところどころに立ち寄り、有名なこの地の考古学者に会って貴重な参考資料を得た。太古のアラビア医学の開祖イムホテプをしのび、彼により設計されたというピラミッドのすばらしさを賞嘆した。

カイロからアレキサンドリアに出、船でナポリに渡り、ローマに数日滞在したのち、母国への帰途についた。オックスフォードに着いたのは四月上旬である。

この間、オックスフォードにあって留守をした夫人グレースは、ひさしぶりにゆっくりした時をすごした。書斎を整理しに来たことも忘れて、机の上に重ねられた数かずの手紙に心を奪われることもあった。オスラーにあてられた知己や弟子たちからの手紙には、若い人びとに対するオスラーの感化力、あらゆる社会と階級の間での人望、表裏のない人格の徳性などがはっきりうかがわれるのであった。グレース夫人は、こうしたすぐれた人格をもつ学者を夫として与えられた自分の幸福と名誉とを、いまさらながら痛感するのであった。

二カ月の旅行とはいえ、不在中の手紙や仕事の集積を処理することは一苦労であった。仕事を翌日に延ばさず、その日のうちに整理することはオスラーが多年実行したことである。

目論見は実行が伴なわないと、飛び立って
決して捉まらない。これからは、
心の初児は手の初児だ。
いや、今とても、おれの思想に
行動で冠をかぶせるために、思いついたらすぐ実行だ。

これはオスラーが愛読したシェークスピアの悲劇『マクベス』の第四幕第一場に出てくるマクベスのせりふである(野上豊一郎訳)。街でよい本を発見した場合には経済の許すかぎり即座に買い求め、寄付に賛同した場合には、ただちに送金するといったやり方、この意図と実践との直結こそはオスラーのもっとも高く評価されるべき徳の一つである。

六月十九日にはキング・ジョージの即位式がロンドンで行われた。この佳き日を記念して式後、功労の士に授爵が発表された。

オスラーには、このとき、准男爵が贈られた。カナダ生れで、この光栄に浴したのは、オスラー一人であった。この報が各地に伝わるや、カナダ、合衆国はもちろん、欧州各国から、また遠くはインドからウィリアム・オスラー卿あてに数えきれぬほどの祝電、祝辞がよせられた。

七月十九日にはウェストミンスターで結核予防国民協会の総会が開かれた。オスラー会長はその席上で、結核は早期に治療しなければならないことが、一般にもしだいに認識されてきたことをまず感謝し、ついで、医者たるものは、もっと勉強し、また咳のあるような患者は、とくに慎重に診察すべきことを説いた。

オスラーは、当時トルドー博士がやっていたサナトリウム療法を大いに推奨し、またある患者にはツベルクリン療法も効くと考えていた。しかし人体を害せずに、病原体に直接作用して、これを撲滅させるような治療法をどうしても探究しなければならないことを、あわせて力説した。彼はさらに論をすすめて、結核専門の病院の不要を説き、結核は臨床検査室の整備した総合病院で取り扱われるべきことを主張した。また医者が結核のみを専攻すると、視野がどうしても狭くなりすぎることをあわせて警告している。

この年の夏には、北ウェールズの小村に避暑し、一家水入らずの時をすごした。リヴィアは魚釣りや、ボート遊びに熱中し、いっこう勉強しなかったが、オスラーは、息子を自由にさせていた。満十六歳に足らないリヴィアは、もうそのころには父親より一インチ半も背が高くなっていたようである。

秋になって新学期が始まると、またいろいろの集会、講演、試験、その他ラドクリフ病院の診療と臨床指導などで、多忙な日がつづいた。テキストの改訂の仕事もなかなかの時と労力がいるものであった。しかしどれほど忙しくても、またどれほど心身が疲れきっても、読書を怠ることはかつてなかった。否、読書こそ、彼にとって憩いの水際であった。彼が若い学生のために好んで引用した句の中には、ローマの哲人セネカのつぎの言葉がある。

汝らもし本を愛さば、世の憂いをまぬかれ、日ごとの生業に倦みて、夕べに嘆息することなかるべし、かつまた己れに不満の日を、他人に益なき日をすごすことなかるべし。

十二月半ばに、十年あまり前からの親しい合衆国の友、ブリュースター夫人にあてたクリスマスのお祝いの手紙には、こう述べている。

……私は非常に忙しい。——やっと今日試験をすませたところです。いま、来月出版されるはずの私のテキストの新版のための仕事をしています。私には、ほかのたくさんの読み物をする時間がないのです。しかし「笑い」に関するベルグソンの論文をもうすぐ読み終えるところです。——

翌年のカナダ医師会雑誌二月号には、「笑いを取り扱う二人のフランス人」と題する論文を載せている。オスラーはこの中で哲学者ベルグソンと医学者ジューベルトの笑いの哲学を比較している。ベルグソンが笑いを水の泡のようにはかない、またあと味の苦いものとした解釈には異論を抱いた。むしろジューベルトの解釈に賛成し、笑いは心の底からほとばしり出る、無邪気なものがあるとし、なんの仕組みもない、また社会的な意味をもたない笑いがあると述べている。

最後の渡米の前後（一九一二―一九一三）

オスラーはオックスフォードに来てからは、あまりいい秘書がなかったようであるが、一九一二年の一月からは仏・独・露語のできるスコットランドの女の子を秘書にして手伝わせていた。この年はテキストの改訂第八版を出す予定であった。三月末までは、糊と鋏とを机の上に用意して、旧稿を切り取ったり、書き足したりした。何度となくこの改訂版の仕事をジョンズ・ホプキンズの後継者たちにゆずろうと決意した彼であったが、いざそのときとなるとこれを手離すにしのびなかった。しかも改訂の版を重ねるにつれて、この仕事は困難になる一方であった。「古き皮嚢に新しき酒を入れる」ことがいかにむずかしいことかをしみじみ感じて、出版までは四六時中その重荷を感じていたようである。

この年の二月十日には消毒法の親、リスター侯が八十五歳の高齢で逝去した。ウェストミンスター寺院での葬儀にはオックスフォード大学の代表者として出席した。満堂の人がリスターのなした人類への偉大なる貢献を感謝したにちがいない。とくにオスラーとしてはあの一八七〇年代のモントリオール時代――洋服を着たままで手術が行われたような――をまざまざと想い出して、ひとしお、感慨無量であった。

三月のある日、ウィンチェスターの学校にいる息子のリヴィアが肺炎にかかったという報をうけた。当時、肺炎はもっとも死亡率の高い病気の一つであった。リスターも肺炎で倒れたのである。オスラーはさっそく病院にかけつけたが、幸いに六日目に熱が下がって、その後順調に回復した。オスラーは当時テキストの仕事が一段落ついていたので、退院した息子を連れて、イタリアに旅した。ローマでは第七回国際結核会議に出席した。

三週間の旅行から帰ってから七月までは改訂版の校正をしたり、講演を頼まれたりして多忙であった。エール大学のハドレイ総長からシリマン講演を頼まれたが、翌春にまで延ばしてもらうように頼んだ。

七月、ロンドンでのロイヤル・ソサイエティ二百五十年祭がすんでからは、人を避けてスコットランドの北端にあるサザーランド州のトングーに一家で出かけ、静かな一夏をすごした。ここではじつに雨が多かったが、それでも釣りに出かけたり、ときにはゴルフに興じ、その他は読書や、シリマン講演の準備をした。

オスラーがオックスフォードに来てから、ずっと心を用いていた結核の仕事は、この秋になってますます忙しくなってきた。オスラーは当時オックスフォード州の結核予防協会の会長であった。この方面の運動のために旧友フィップスに寄付を頼むなど、経済的の面でもいろいろと奔走した。

臨床家としてのオスラーは、いくら忙しくとも、結核の臨床の第一線に立って指導した。結核診療所で外来患者をみたり、また時には遠方にまで往診した。単に患者の病状を診察するのではなく、その家庭の状況や経済的な面の調査をしたのである。結核は単に医学の課題のみでなく、社会問題でもあり、この撲滅のためには、社会一般の人びとがみんな責任を負うべきことを強調したのであった。

十一月にはロイヤル・ソサイエティの中に医学史の分科会の誕生をみ、その第一回の会合が催された。オスラーは自分に推された会長をオールバット教授ら先輩にゆずるべきだと思ったが、若いものがどうしても彼を会長に推してやまなかった。

オスラーはその開会の辞の中で、医者が医学史に対してとるいろいろの立場をあげたのち、

――この会は医学史の専門学者、研究生、また医学史を学ぶことが医学教育上に価値のあることを知っている人びとたちのための会としてもちたい。――

と語った。ついで十七世紀の医人、アイルランドでの最初の人口調査を行なった統計学者ペティについても語った。

医学史に対するオスラーの関心と興味は、老年になるにつれて、ますますたかまり、ブロジェット、ニクソン、ミッチェル、クレップスたちとの間には古い医人の研究や、古書のやりとり、紹介のことで文通を繁くしていた。

彼は忙しい中にも時間をみつけてボドレイ図書館に行き、読書した。ここではオスラーは心から憩いの時を楽しんだようである。

この秋にはオスラーはこの図書館のために、立派な大きな金属製の置時計を寄付した。

クリスマスにはカナダのトロントや合衆国のボストンから親戚のものが子どもたちを連れて、十人近くも集まり、リヴィアを中心ににぎやかなクリスマスを楽しんだ。リヴィアはこのクリスマスでまる十七歳になった。

一九一三年の一月には彼は書誌協会の会長を引き受けた。その後彼が死ぬまでの七年間、彼はその会長をつづけた。いかに忙しくとも、科学のために、また社会のために有意義だと考えたとき、彼はその役を辞せなかった。

とくに書誌のことについては、晩年になるにつれて非常な興味を感じ、この協会や、またこの方面の研究、文献の蒐集に多くの時と労力とをついやしたのである。

彼はそのころ議員として推薦されたが、政治に関与することは絶対に避けた。彼は政治に関する一つの信念をもっていたが、これと政治家となることとは別のことであった。

彼は政治とウォール街（株式取引）と酒とは、医業にたずさわるものにとって禁忌であるとの持論をもっていた。それから五年後にカナダ陸軍病院の軍医に講演したときにも、医業と政治その他が取り上げられて、人は二人の主（医業と政治）に仕うる能わずと述べている。

彼はそのころ、なお、シリマン講演の準備に忙しかったが、一方にそうした仕事を持ちながら、そのかたわら新しく入手したゴムペルツ博士の『ギリシャの思想家』第四巻を楽しんで読んでいた。この本は、のちに彼の著書『本と人』の中に紹介し、――知的なホルモンにあふれている――といって、とくに若い人にこれをすすめた。

四月五日、彼はカンパニア号で大西洋を渡った。十三日に合衆国に上陸し、ボルティモアに向った。十六日にはジョンズ・ホプキンズ内のフィップス・クリニックの開所式が催された。この会でオスラーは「総合病院における専門化」と題して講演した。この病舎は精神病患者に専用される目的で、フィップスが寄付したものである。こうしたクリニックが将来ぜひ必要であることは、オスラーがジョンズ・ホプキンズ大学で訣別演説を行なったさい強調したところであり、そうした意味で彼はこの式に招かれていったのである。

壇上に立ったオスラーは近代医学の揺籃期を歩んできたものとして、過ぎ去った日々を感慨ぶかく回顧した。そして、これからの若い人は自分たちが味わったような感激にひたることはもはやできないだろうと述べた。

――諸君は大きい仕事をなし、偉大な勝利をかちえ、またわれわれを肩車にしてはるか彼方にまで眼をそそぐことができるかもしれない。しかし諸君はわれわれがもった同じ感激を経験することはできないだろう。改革の時代に生き、科学の新しい誕生や、健康の新しい法を知り、医学校の組織を改め、病院を改革し、人道に対して新しい見識をもつといったことは、どの時代にでも得られることではない。

――

彼はみずから歩んだトロント、マギル、ペンシルヴァニア、ジョンズ・ホプキンズの諸大学時代を回顧した。この中でオスラーの精神がもっともいかされ、よき実を結んだのはジョンズ・ホプキンズであった。

彼はこの講演の最後にこのフィップス・クリニックこそは、きっと精神病の治療や予防の国民運動の原動力ともなるであろうと確信するとつけ加えた。

二十日の日曜日には、同じく大学のウールセイ・ホールで学生のために説教をした。「生き方」(A Way of Life)がその題であった。その原稿は渡米の途上、二十五ノットのスピードですすむ船上で、防水壁を閉ざす合図の汽笛を耳にしつつ書かれたものである。

——諸君一人ひとりは大きな汽船よりも、もっとすばらしい構造をもつ生きものとして長い航海に乗り出しているのである。私のすすめたいことは安全に航海するもっともたしかな方法として、「(前後の)日を遮断する仕切り(汽船にある開閉式の防水壁にもじって述べられた句)」をもって生活するように機関を制御することを学んでほしい。ブリッジに上って、少なくともいちばんおもな仕切りが、いつでも閉まるようになっているかどうかを見よ。ボタン一つ押すと、——諸君の生涯のどの期においてでも――鉄の扉が下りて〝死んだ昨日〟の集まりである過去が遮断されてしまう。もう一つのボタンを押すと、これまた鉄のカーテンが下りて〝日をみない明日〟の集まりである未来を仕切ってしまう。そうなれば諸君はもう安全である。――今日という時に対して安全である。

過去を閉め出せよ！　死人をして死人を葬らせよ。しかしなんと、言うは易く、行うは難きことであろう。実際には、過去がいつも影のごとくつきまとってくる。無視するということは容易なことではない。――

オスラーはついで明日のことを思いわずらうことの愚を説き、また、「今は救いの日なり」(新約聖書コリント後書六章二節)の中にある、いま、すなわち今日の時を、来るべきことを思いわずらわず、まじめに、熱心に、生活すれば、きっと未来が保証され、

――キリストとともに、その祈りとともに一日を始めること、そのほかの信条はいっさいいらない。それだけで諸君は宗教を体得していることになる。――

と説いた。

オスラーが右のような人生観を得たのは、一つには若き日のジョンソン師の感化により、一つには「遠くにぼんやりあるものに目をやらず、はっきりと手近にあるものを実践せよ」とのカーライルの言葉によるものである。

この説教の筋は陳腐な教訓であるが、集まったエールの学生の心を強くゆすぶった。老年になるにつれて円熟したオスラーの弁舌は英米識者の間にすでに高く評価されていた。言葉、表現あるいは弁論の術については、オスラーは平素から関心をもっていた。多くの人が口を充分に開かないで発音することはよくないなどといっている。オスラーはきわめて明瞭に、また内容は、相手しだいで平明に語った。彼の一言一句には思想の豊かさがいつも盛られていた。

翌二十一日月曜日午後からエール大学でオスラーの情熱をこめたシリマン講演がなされた。これは「近代医学の進歩」と題し、六回の連続講演で一般にも公開され、スライド映写入りで面白く語られたのである。

彼は原始時代の医学の祖イムホテプ(紀元前二六五〇)から始め、ヒポクラテス(紀元前四六〇―三七〇)、ガレン(一三一―二〇一)に移り、ついで中世医学の蒙を啓《ひら》いた解剖学者ヴェザリウス(一五一四―六四)の功績をくわしく述べた。不遇だった彼の生涯とその最期を語り、――ヴェザリウスは、死んだと思って解剖したスペインの貴公子の心臓が、剖検時になお打っていたことから、殺人罪の責を問われた。その贖いのための聖地巡礼の途に難破し、ザンテ島で病を得、年五十歳で死んだという哀話を挿んだ。オスラーはまたヴェザリウスに少し先んじて人体解剖学に貢献した芸術家のレオナルド・ダ・ヴィンチ(一四五二—一五一九)やミケランジェロ(一四七五—一五六四)の業績をも賞讃した。

ついで近代医学に移り、最後に今日の予防医学の発展、結核十字軍の組織などにまで言及して、講演を終えた。

聴衆はまたもオスラーの弁舌と医学史の真髄に酔わされ、万雷の拍手を送った。

エール大学に滞在中、彼はとくに若い学生と個人的に交わった。アメリカの学生とはオックスフォードではあまり接する機会がない彼にとって、この機会はじつにうれしく、アメリカ医学を背負って立つ学生に対しては愛児に接するような心の喜びを感じたのであった。

その後彼は、ボストンのハーバード大学でも講演し、またボルティモアでは看護婦のために講演もした。

——看護婦として体得すべき徳に七つある。気のきくこと、清楚、寡言、同情、優しさ、快活、それにこれらの徳の環をつなぎ合わす仁愛のこころ。……そして以上の垂訓の精神にできるだけ近く生きることが、真の看護精神に生きることになる。

……

ボルティモアからカナダに向い、ハミルトンやダンダスの親戚、友人をおとずれ、ついでトロント、モントリオールにもまわった。五月十五日、エンプレス・ブリテン号でアメリカを発った。船中では、在米中に『季刊レビュー』に約束した原稿「ヨーロッパの医学教育」を書きつづけた。

約三週間の旅であったが、オスラーにとってはじつにすばらしい旅行であった。「この期間は、私の生涯でまたとないすばらしいときであった。」「すばらしい土地、すばらしい友たち。」「だれも彼も親切だった、あまりに親切すぎるほどだった。」こうした感嘆詞が、友への手紙や、日記に重ねて記されている。これが彼の生涯の最後の渡米の機会になろうとは、彼自身も、また周囲のものも考えなかったようである。

オックスフォードに帰ると、また新しい仕事が彼を待っていた。彼は英国病院協会の会長に推され、六月下旬にはその総会に出席した。その席上で、彼は、病院の改革論を述べ、各病院に臨床検査室を整備すること、また州立の病院は医学校卒業生の再教育の病院たるべきことを強調した。オスラーはあちらこちらの病院を見学する場合、だれもが見学する病室は見るのを簡単にして、おもに検査室や台所を見てまわったそうである。

八月にはロンドンで第十七回国際医学会が開かれた。三十二年前、すなわちオスラーのマギル大学教授時代に、やはりロンドンでこの会議があり、オスラーはハワード教授とともに出席している。そのころはリスター、ウィルヒョウ、ハックスレー、コッホの講演などでにぎわったが、今回はエールリッヒの化学療法くらいで、ほかにそれほど注目されるべき発表はなかった。

これが終り、遠来の客の応対をすますと、彼は息子を連れてスコットランドの各地を旅した。

この秋、ジョンズ・ホプキンズは、ロックフェラー財団から百五十万ドルの寄付をうけた。これは、大学の教授や職員が自宅診療をやめて、大学に専心できるように生活を保証する資金にあてられた。このことに対してオスラーには異論があった。オスラー自身は、大学教授としてつとめる一方、私的に患者をみて今日にいたったのである。こうした二途を往くことがけっして教授の仕事の支障とはならず、むしろオスラーの経験からは、医者と患者との間の親密な関係は、楽しみや刺激ともなり、また収入の途となるよりも、友情の泉となると考えられたのである。かつての患者ブリュースター夫人との友情も確かにその一つであった。

欧州大戦起る（一九一四）

一九一四年。

この年の一月早々、オスラーが父とも慕ってきたフィラデルフィアのミッチェル教授の訃音に接した。八十五歳になんなんとする長寿に恵まれた彼は、その生涯を科学と社会のために捧げてきた人である。オスラーをフィラデルフィアの大学に迎えるために、第一番に奔走したのがこのミッチェル教授であり、それ以来オスラーを自分の息子以上に愛してきたのであった。

人に愛情を捧げることを自分の命としてきたオスラーは、また、ミッチェルのような人からの愛情をこの上もなくうれしく、ありがたく受け取った。

三月中旬には、彼はロンドンでの英国医学会で「初期肺結核の診断」と題して語った。

オスラーには、医学に関するかぎり、国境も人種の色もなく、これまで、どのような人びとによる会合にも喜んで出席してきた。三月下旬には、イングランドにあるユダヤ人歴史協会の創立記念の披露に招かれて、ユダヤ人と晩餐をともにした。その席上彼はユダヤ人の祖イスラエル民族の精神と文化が、ギリシャ文化とともに今日の文化の大黒柱となっていることを説き、中世を経て、近世にいたるまでのユダヤ系の医学者の功績を語った。十九世紀では、ポール・エールリッヒを始め、幾多のすぐれたユダヤ系ドイツ人の学者が医学になした貢献をたたえた。

――私はいつも、ユダヤの学生に対しては暖い愛情を抱いてきた。……私とユダヤの人びととの間に結ばれた友情は、私の生活の中でのもっとも喜びとしたいものの一つである。――

ついで彼はユダヤ人の間では科学や宗教のもっともよきものが、どの民族よりもずっとゆたかに理解されていることをとり上げて述べた。

この冬の間、リヴィアは家庭教師についてよく勉強した。三月には、オックスフォード大学のクライスト・チャーチ校の入学試験に首尾よく合格した。彼は秋の入学期までは、自由な時がゆるされ、好きな釣りもできた。このころから、リヴィアはしだいに文学の本を愛する青年となった。父の蔵書中から、モンテーニュ、プルターク、フラー、ウォルトンなどの本をとり出しては読みふけることが多かった。またよくシェリーの詩などを愛誦していた。彼はまた美術を愛好し、版画を彫ったりすることを得意としていた。こうした息子の傾向をうれしく感じたのは、だれよりも、その父オスラーであった。

暖かい季節になるにつれ、オスラーはしだいに体の調子を取りもどし、忙しい仕事に精力をそそぐことができた。一年中でいちばん美しい五月にはエール大学のハドレイ博士夫妻の来訪をうけた。ともに語ったり新緑の郊外を歩いたりして、楽しい幾日かをすごした。

六月九日には、ケンブリッジ大学にできた新しい生理の実験室の開所式が催された。そして、この機会にオスラーは、シェーファー、スターリングらとともに、生理学の進歩に貢献した功績によってドクター・オブ・サイエンスの学位を授与された。

このころも、あいかわらずオスラーの結核撲滅に対する努力はつづけられていた。七月上旬リーズでの結核協会の例会では、自宅療養をもっと真剣に考えるように一般の注意を喚起した。

当時英国では療養所のベッド数は、患者総数の三分の一くらいしかなかったといわれている。彼は確信と希望をもってつぎのように語った。

——われわれの前に立つ(結核に対する)戦争は、百年戦争、あるいはもっと長期にわたるものであろう。しかしこの戦いにおいて、みなが同じ場に立ち、協力し、計画を実行すれば、きっと最後の勝利を得ることができよう、ちょうど発疹チフスや腸チフスが撲滅されたように。——

オスラーは六月二十六日からアバディーンで開かれたイングランド医学会に出席し、そのころパリのリスト博士により紹介された人工気胸術をさっそく取り上げて、自分の意見を発表した。

その夏は、一家でカナダと合衆国に渡り、秋まで滞在する予定であった。オスラーはいろいろの会合の約束があったため、夫人グレースと息子リヴィアとを六月三十日の船で先に立たせた。——欧州では大動乱の導火線が点火されていたことも知らずに……。

一九一四年六月二十九日、この日は世界史上にとくに銘記されるべき日となった。

かねてオーストリアとその隣国セルビアとは風雲急な関係にあったが、この日セルビアの一学生がオーストリアのフェルディナンド皇太子と公妃に放ったピストルが、ついに両国の国交を断絶せしめるにいたった。七月二十八日、ついにオーストリア＝ハンガリア国はセルビアに向って宣戦を布告した。八月一日にはドイツが参戦し、ついでドイツ、ロシアの開戦となり、さらに、ドイツ、オーストリアはイギリス、フランスと戦火を交えるにいたったのである。

イギリスの参戦は八月四日であったが、六月三十日には、早くもロンドンにおいて戦時非常委員会が組織され、一旦緩急あるさいに英国のすべての医者を召集できるような対策がたてられた。オスラーはその委員長の役に任ぜられた。そのために楽しみにしていた渡米も断念しなければならなかった。彼は大学や病院がいつでも、いざというときに間に合うように、いろいろの準備をさせた。

夫人とリヴィアは予定を変更して、八月中旬に黒く塗装したカルガリアン号で英国に引きあげた。オックスフォードに向う汽車はずいぶん混雑していたが、オックスフォードに着いてみると、この街はまだいつもとあまり変らず、静かであった。ただ一時物価が高騰して市民の台所を面くらわせたようである。

オスラーはイギリスやカナダの軍病院設置のため、終日かけ歩いた。ショーンクリフの、クイーンス・カナダ衛生病院の医長として、毎週一回はここを回診した。オスラーはこうした軍の病院に出入りするためとくに名誉大佐に任ぜられた。このために軍服を新調したが、なにかの手違いで中佐の階級章がとりつけられた。彼はそんなことにはいっこう頓着せず、戦争中その中佐の服で通した。

夫人は赤十字の幹部として、また軍人援護会の会長として活躍した。終日兵隊のシャツ縫いをつづけることもあった。夫人が張り切って、朝早く出かけ、夕方遅く帰ってくる精力には、さすがのオスラーもほとほと感心した。アメリカの友人への手紙には、夫人のニューイングランド精神(夫人は合衆国ニューイングランドのボストン育ちだったので)がいつも謳歌されていた。オスラーは、戦争中は秘書もなかったが、自分の仕事はみずから処理し、夫人をわずらわせることがなかった。家事のことはできるだけ家僕に任せて、夫人には奉仕事業に精いっぱい働けるようにさせた。

夫人がアメリカにいる妹へ出した手紙には、地方の人がまるでのん気で、また兵隊を志願しようとするものの案外少ないことを憤慨し、自分がもし男だったらとくやしがったりしている。

当時、召集された将兵は、まだ、軍規によって伝染病の予防注射を受けるところまでにはいたっていなかった。当時の英国では、動物生体解剖反対や予防ワクチン注射反対論者の勢力がいまだに政治家をあやつっていた。オスラーは「タイムズ」誌上に、戦時にはとくに予防注射の必要であることを書き、世論を喚起し、また兵士に直接訴えた。

——私がここで強調したいことは、君らの敵を知ること、——単に弾丸についてでなくもっともっと大物である敵、すなわち細菌についてほんとうに知っていただきたいことである。世界の諸戦争においては、弾丸と細菌はサウルとダビデ(両者はイスラエル王国の第一、第二の王。強敵ペリシテ人とよく戦って武勲をあげた英雄。ダビデは文武ともにサウルに優る国王であった。旧約聖書サムエル前・後書参照)ともいわるべきもので、前者は幾千人もを殺すが、後者は幾万人をも殺してしまう。

私は入隊する新兵の一団をみるにつけ、その立派なものの中の何パーセントがほんとうの名誉ある負傷をして戦死し、またその何パーセントが当然なすべき衛生を怠ったため、悲惨な病死をするかを、繰り返し反問せざるをえないのである。

幾千もの、もっともよき若い同胞が、この悲惨な戦争で喪われると思うと、じつに心が疼くが、そのうちの半数以上が防止できる病気で死ぬことを考えると、いっそうひどく心がかき乱されるのである。——

ベルギーがドイツ軍に蹂躪《じゅうりん》されたり、パリが危ういという報や、また潜水艦の出没の報は英国民の心をひどく騒がせた。しかしオスラーは、連合軍の最後の勝利を信じ、いつも楽天的であった。

カナダの竹馬の友、かつてはあの農家の豚を背負って逃げた悪少年のミルバーンへの手紙には、「われわれは結局は勝つだろう。なんとカナダ軍はすばらしい活躍をしてくれることか」と生国のカナダをたたえた。同じ手紙に、ドイツ軍がベルギーのルーヴァン大学を破壊したことを書き、「なんたる蛮行か」と嘆いている。

オスラーはこの大学に、書誌協会の名でさっそく見舞を出すことを提唱した。また合衆国の友人への手紙には、「野蛮なドイツ軍が引いた後は、アングロ・アメリカン委員会で戦後の立直しをやらなければならない。私としてはとくに図書館の復興にもっとも関心をもつ」とある。ルーヴァン大学にはヴェザリウスの貴重な古本があることをよく知っていた彼には、その本のことがひどく心配であったようである。

彼は九月には、ルーヴァン大学の職員・家族の救済委員会を組織して、オックスフォードに百人ばかりの彼ら一行を迎えた。その宿舎や食事の世話などは、オスラー夫人が非常に骨を折った。オスラーの家は一時は七人も滞在させていた。夫人は合衆国の友たちに手紙を書いて古着や寄付金を募った。ロックフェラー財団からの援助もうけた。この年のクリスマスまでには、一万五千ドルという巨額の金が夫人の手元に集まった。またオスラーの家は送られた衣類で古着屋のような観があった。

リヴィアは、九月にはオックスフォードに入学したが、学校内に学生隊が組織されて軍事教育をうけた。

子どもが訓練を受け、従軍する日も遠からじと思うと、オスラーの心は急に曇るのであった。あの平和を好む十九歳の青年を、しかも大学教育をうけさせずに戦場に送ることは、オスラーとしてはじつにしのびないことであった。しかし、戦争は現実の問題として刻々に展開され、戦線は日々に拡大され、敵味方ともに死傷者の数を増す一方であった。

渡米のさいにはゆっくり訪問することを約束したブリュースター夫人には、たびたび手紙を送り、英国のようすや、家族のようすをつぶさに知らせた。十一月ごろに出した彼女への手紙の一つには、

――すべてが順調にいってることを一筆するにとどめます……ただ、友人の子どもたちが戦死した報を聞くと頭が痛くなるのみです。毎朝読む新聞は悲しいもので

す。ここにすむ私たちの若い友たちが、あんなにも数多く天に召されたのです。このオックスフォードはいまや大きな部隊であり病院であります。——

オスラーは戦争中もずっとつづけて、毎週一、二回はオックスフォードのラドクリフ病院に出かけて、診療の指導をしていた。一方また、古い医書の蒐集にはあいかわらず熱を入れ、みずから古本屋に出かけたり、また友人に頼んだりして、本を求めた。彼は、自分に余分の本の手持ちやコピーがあると、これを同好の士にわかち与え、またほうぼうの図書館のためにわざわざ買い求めたりした。そうしたことから、自然とオスラーには寄贈される本も多かった。本を買い求める費用は、オスラーは自分の収入ではなかなかまかないきれないので、カナダの実業家の兄エドムンドに経済的な援助を仰いでいた。オスラーの日記によるとこの年の夏ごろには二カ月間に千ポンドも送金してもらっている。エドムンドは、オスラー所蔵の図書はやがては、オスラー文庫として、カナダの母校マギル大学に寄贈される日があることを期して喜んで援助していたようである。オスラーは、そうした日のために、膨大な蔵書を整理して、目録をつくったりすることに非常な時間と労力をついやしたようである。

十一月二十日には、熱帯医学会の例会に出て「戦争と腸チフス」と題する講演をした。腸チフスに関する彼の報告は全部で三十以上あるが、これがその最後の発表となったものである。

クリスマスがきた。彼にはひどく冷えびえとした、落ちつかないクリスマスであった。

オスラーにとってはモントリオール時代以来のカナダの旧友マラック博士の息子が、クリスマス休暇をオスラーのところですごした。彼はカナダ軍の関係の病院に勤務していた。

オスラーはこの文学愛好の青年を非常にかわいがっており、マラックはオスラーを父と慕い、のちには愛児を喪って淋しいオスラーの臨終の慰めの友ともなったのである。

クリスマスの朝は、みんなでエヴェルムに行き、礼拝をまもり、またそこの養老院の淋しい十三人の老人のためにクリスマスの晩餐を楽しませた。

リヴィアにとっては、これが家族といっしょにすごした最後のクリスマスであった。

彼が父から贈り物としてもらった手のきれるような新しい本は、英国の作家アイザック・ウォルトンの名著『ハーバートの生涯』であった。

リヴィアが、その日、ジョンズ・ホプキンズにいる好きなヤコブ博士あてに送った手紙には、この本のことが書かれており、その最後には、リヴィア(アイザック・ウォルトンの弟子)より――とある。

英軍の慰問将軍(一九一五)

一九一五年一月四日付のブリュースター夫人への手紙に、こう書かれている。

なんとかわいい置時計でしょう。――ほんとうにありがとう。ベッドのわき机の本の間に飾っておきます。本というのは、ギリシャ精神をちょっぴり学ぼうとして選んだ、ルシアン、ゴムペルツ、ジョウェットその他の本です。あなたはルシアンの『問答書』をお読みでしたか、たしか、三、四年前にオックスフォード出版部から出したもので、小さい四巻ものを送ったことがあるように思いますが……。もしそうでなかったら、その旨お知らせください。あなたはきっと、最後のギリシャものと、最初の現代ものをおもしろく読まれるでしょう。私はあなたが、こちらへ来て、この古い国がどんなにすばらしく活動しているかを、みていただきたいように思います。

リヴィアは大学を出て、大学・公立学校部隊に入ることになります。彼をやってしまうのは、私は嫌です。彼があんなにすばらしく伸びていこうとする矢先に、教育を中断するなんてことは恥辱です。

私はリヴィアの蔵書票の試験刷りを同封します。——少々荒っぽくできていますが、自分でデザインしたのです。私のはまだできません。適当な型の中に私の関係してきた四つの大学の何かの特徴を入れたものを、そのうち誰かが考案してくれるまで待ちます。この午後は隊の六百人の兵隊に、健康に関する話をしました。この手紙に、アメリカ医師会雑誌への非常に薬になる手紙の写しを同封しました。

オスラー

オスラーは戦争中とはいえ、医学の研究と発表とをおろそかにしなかった。そしてその対象のおもなものは、戦争に関する医学であった。そのころ、在英のカナダ軍に髄膜炎菌性髄膜炎が少数発生したのを知り、オスラーはさっそく出かけて、その予防と治療対策を立てた。この病気に関して、オスラーは一八九〇年代に合衆国メリーランドで経験ずみであった。この予防血清は一九〇六年にフレクスナーがロックフェラー研究所で作ったものがあったが、英国では、まだこれに関して知っているものはなかった。

オスラーはそのころ、「戦争中、イングランドにおける医学ノート」と題してアメリカ医師会雑誌に寄稿した。その中には、戦争神経症・脳の外傷・心臓神経症・弾丸ショック・塹壕熱などがとりあげられている。このほかダーダネルス下痢・凍傷についても興味をもっていた。

神経症疾患についてのあまりに多い材料は、さすがの彼をも面くらわした。神経系疾患に興味をもっていたアメリカのトマス博士にあてた七月末の手紙には、神経症・精神病・四肢の麻痺患者などいくらでもみられ、教科書のどれにも該当しない妙な病気の多いことを書いている。そしてぜひ一度英国にきてみるようにとすすめている。

三月にはオスラーをふくめて、十二名の医学者が医学研究委員会を組織し、軍陣医学の研究指導に乗り出し、また戦争中の医学史の編集をも計画した。

一方リヴィアはカナダ部隊付中尉に任官され、二月下旬にはテームズ河岸のクリブデンにあるカナダ軍病院に赴任、経理部の仕事を受けもつことになった。甥のフランシスも同じ隊に属していた。この病院にオスラーは、その後戦争のつづく間中、毎週月曜日にはかならず出かけて、患者をみたり、病院の監督をしたりした。入院中のカナダ傷病兵は、この毎月曜日を楽しみにしていた。彼の顔をみるだけで、病人はその回復や健康が保証されるような気がしたのである。

戦争はいよいよ苛烈になり、ドイツ軍は毒ガスを使用して、攻勢に出てきた。動揺する英国民の中にあってもオスラーは心の平静を保持した。彼は「今は考えているときでない」といって、東奔西走した。

あちこちの軍病院では、オスラー大佐のことを「英軍の慰問将軍」と渾名し、彼はいたるところで、親しみ深く歓迎された。

リヴィアは五月末には、バーケット大佐の指揮するカナダ軍のマギル隊に編入された。当時アメリカ・カナダの大きい医学校はそれぞれの単位で病院を編成して、戦傷兵の救護をしていた。

ジョンズ・ホプキンズ、ハーバード、コロンビア大学などとともに、マギル大学もこれに参加したのである。リヴィアが病院付きとなったのは父オスラーの手まわしにもよるようであった。マギル隊の配置場所についても、オスラーは英軍軍医部との間に立っていろいろと世話した。

リヴィアは戦地に渡る前にしばらくの休暇をゆるされて、オックスフォードに帰った。

出発の朝リヴィアはポケットに本をいっぱいつめこんで、手をふりふり勇んで出かけた。

夫人が妹のチャピン夫人へ出した手紙には、息子の出征の朝の模様が知らされ、「ウィリー（オスラー）のなんでもないような素振りは、見る目にもいたましい」と書いている。

リヴィアは、六月中旬サザンプトンから船に乗り、フランスに渡った。カナダ総合病院が設営されたのは、フランスの北部にあるブールイヌから南に十二マイルのカミエルであった。テントの病院であるが、数百のベッドが用意された。リヴィアは経理部の主任補となり、四十名の部下を使った。多数の患者が一時に収容されることはあまりなかったので、割合に暇の日があった。たいていのものが「ブリッジ」遊びに興じているとき、リヴィアは文学書を楽しんでいた。

オスラーはリヴィアの属しているマギル隊をぜひ一度おとずれたいと希っていたが、九月上旬、ついにその望みがかなった。彼は久しぶりにリヴィアに会い、同じキャンプの中で寝起きした。マックレー大佐の案内で砲声を聞きつつ前線を歩いた。頭の上で友軍の飛行機がドイツ高射砲の一斉射撃をうけている場面も見た。

彼は、一週間後には、フランスを引きあげなければならなかった。十月一日にはリーズの医学校で「科学と戦争」と題する講演の約束があったからである。

この講演で彼は人類の長い歴史の間に、戦争のもたらした意義と結果とを述べ、科学を武器とする近代戦では、昔とくらべものにならないような多数の犠牲者が出ることを話した。

——しかし、一方また、科学は人類に非常な恩恵を与えたのである。すなわち数知れず多くのものが病気の悲劇からまぬかれ、いうにいえない苦しみが麻酔術により救われ、傷ついたものはいっそう早く処置され、進歩した外科術がなされ、回復はさらに早められ、まとまった看護がなされるなどのことが取り上げられるのである。——

オスラーはさらにつづけて、国際的な科学の死滅という悲しむべき事実も、また戦争の所産であることを語った。

——連合軍とドイツとの間には、越えることのできない知的な亀裂が生じた。ドイツの歩む道はわれわれの行く道でなく、ドイツの考えはわれわれのもつ思想ではない。ドイツがみずから好んで世界の諸国民から非難されるような羽目になったことは、科学万能の小児病者に対して戦ってきたすべてのものによって嘆かれる悲惨事である。さらにまた、われわれのようにドイツに非常な親しみをもち、その科学への寄与が世界中の研究家をうるおしたドイツの教授たちとの間に終生の友情を契るものにとっては、なおさら残念しごくなことである。

……だが死んでしまえば、戦争もなく、墓場にはなんの憎しみもない。……最後に私は、最近逝きし、あの科学の勇士の一人、ポール・エールリッヒ（化学療法の創始者）に最後の言葉を贈りたい。……ああした人の輝かしい業績は、国と国との限界を越え、その名は近代病理学の創造者の一人であったウィルヒョウやコッホのごとき、彼の同胞の名とともに、後世まで伝えられるであろう。……

長い地球上の歴史を回顧するに、現在ほど、いやな年は過去にはあまりなかったであろう。人びとは怖れや、やがては襲いくるさまざまのことごとを期して心を沈ませている。この戦争の最後の解決はわれわれの時代にはみられないかもしれないが、絶望はすまい。——

最後にオスラーは、彼がそのころ読み終った、テイラーの著書『解放』をとり上げ、その中にはあらゆる国や時代にあって、われわれの先輩が、いかにしてその怖れに耐え、望みをもってきたかということが書かれてあることを述べ、現今の人びとは、本能的な感情をしずめ、じっとして、ただ目をさまし待つべきことを説き、つぎの言葉でむすんだ。

――このように祖先が、その時代時代に、いつもうまく飢して、切り抜けてきたことを学ぶにつけ、われわれは「国は国に向いて剣をあげず、戦いのことをふたたびまなばざるべし」(旧約聖書イザヤ書二章四節)の日を、ピスガの嶺に立って待ち望むことができよう。――

ピスガはパレスチナの死海の北東に聳える山脈である。モーゼはこの嶺に立って約束のカナンの地にイスラエルの民が入る日を待ち望んだ。しかし、在世中にその日を見ずして永眠したが、ついにはこのことが成就された(旧約聖書申命記三四章一―八節)。こうした聖書や古典の生きた言葉を、彼はしばしば講演の中に引用し、そのゆたかな内容は耳ある人の心をとらえたのである。

十一月になってから、リヴィアは五日間の休暇を与えられ、五カ月ぶりにオックスフォードの土を踏んだ。

オスラー一家の喜びはどんなであったろう。

ところがその滞在の間に、この一家には突発事件がおこって、たいへんなことになるところだった。

十一日の未明のことである。オスラー夫人はなんとなく煙ったく感じて、目をさました。――まだ三時半である。怪しんで、大急ぎで食堂に下りてみると、さあたいへん、自分の家の火事である。さっそく一家中を呼びおこして消火につとめた。オスラーとリヴィアとは書斎の本を運び出すのに懸命であった。さいわいに二十五分後には消防夫もかけつけ、まもなく鎮火し、食堂の一部を焼いただけですんだ。こうした経験はボルティモアの火事で避難したのについで、二度目の出来事である。家を焼いても本だけはと、夢中で本ばかり持ち出したオスラーであったが、焼けたその家もちょっとした修繕で元通りとなった。

十三日にはリヴィアは帰隊した。今度は前の病院よりも、もうすこし前線に出て、野戦病院付きとなった。

秋になると、平時では大学は新学期となってにぎやかであるが、そのころはクライスト・チャーチも、二百八十人の定員がぐっと減って、学生はわずかに二十人であった。従軍した学生で戦死したものも少なくない。オスラーの親しい友シェーファー、モーア、ロレンストンらの子どももすでに名誉の戦死をとげていた。オスラーは息子の配属がいっそう気にかかった。あれは、戦局しだいではもしかすると、戦闘部隊に志願するかもしれない――こうした一片の想いが、ノートの上を走るオスラーのペンをしばし止める一時が、ままあった。

十一月下旬には、結核治療の開拓者であり、オスラーの尊敬するトルドーの死が伝えられた。

冬に近づくにつれて、英国国民の上には何か暗い影のようなものが感ぜられた。「英国人が悲観論者であるのは気候のせいでしょう」と、彼は合衆国のブリュースター夫人に書いている。

オスラーは、戦争の噂話の仲間入りをすることを最初から好まなかった。食卓では、自分から戦争の話をもち出すことはなかった。どんな戦局でも、最後の勝利を得るという確信はゆるがなかったが、独り沈黙するその表情の中に、夫人のみがさだかならぬものを感知することがあった。

冬の寒さがきびしくなるにつれ、オスラーはまた持病の慢性気管支炎に悩まされた。熱はなかったが、執拗な咳が出て、眠られぬ夜もつづいた。クリスマスには、例のように若いものが集まって楽しんでいたが、そこに、息子リヴィアの姿がみられないことを、オスラー夫妻はさびしく思った。オスラーは病床にあって本を読んだり親しい友への便りを書くことに心を慰めていた。

このクリスマスには、夫人の手元にはアメリカ、カナダからの贈物として百五十個のりんごと二千ドルが届けられた。そのころ夫人たちが世話していたベルギーの大学の避難者は百五十人を超えていたようである。

長男リヴィアの砲兵隊志願（一九一六）

一九一六年――大戦は三年目に入り、戦線はいよいよ拡大した。独軍はヴェルダンの大攻撃の準備に拍車をかけ、一月の末にはイングランド上空に独軍飛行船ツェッペリン号が現われた。その空襲の被害は少数の人命を奪ったていどにすぎなかったが、英国民の神経をあおる意味では非常な効果があった。オスラーは、なんの罪もない婦女子を殺傷したドイツの無差別爆撃を非常に憤慨した。このことは、アメリカの友たちにも書き知らされた。

オスラーは正月早々からペインにあるアメリカ婦人戦争救済会の病院をおとずれた

り、リバプールに走ったりして、あいかわらず多忙であった。彼がオックスフォードの家ですごす時間よりも、ロンドンでの時間のほうが長いこともしばしばあった。家にいるときは訪問客が絶えなかった。その中には軍当局への紹介状を書いてほしくて来たもの、新聞記者、雑誌編集人、またあるときは見知らぬ看護婦が就職の相談にまで来たりした。また病人の診療や、立会いを頼みにくるものも少なくなかった。オスラーもグレース夫人も、客には少しも忙しそうな顔をせず、いつも慇懃《いんぎん》に応対した。オスラーのみでなく、夫人の美徳でもあった。夫人のために奉仕するということは、オスラーのみでなく、夫人の美徳でもあった。夫人はそのころ、傷病兵の世話のためにもずいぶん熱心に働いていた。

――お前は疲れきってるはずだのに、……病気になって死んでしまうほど無理してると思われるのに、いっこうにそんな顔を見せたことがない。お前は他国の人、病める人、悩める人の面倒をみるために自分の生涯を捧げている。跛足の犬までも助けて段の上にひきあげたりする。お前はその全生涯を他人のために生きている。そして、お前がある程度の、自己的でない喜びをそうしたことから得ていることは、お前が「ワンダフル」な女性であるということにけっして差し障りけしない。

私は率直にいうが、お前ほどに感心な女性をほかに知らない。私の母と、ジェネット伯母、それに、お前と、この三人は私の理想とする女性である。……

私にはまた、お前の家事についての芸術的な面がうれしい。――あの庭、ばらの花、安楽と慰安、傷んではいるが階段の青い敷物。朝にはさえずる鳥、ここちよいベッド、青藍色のタオル、書きもの机の上にはなんでも整っている。本がある。すべてが完全である。そして、それらのかげに、私はすべてのお前の真価を知る。それからまた、お前の組織力のこと。他の人びとは、たいていこれをみとめているが、しかしなぜお前にその力があるかしらない。だが私にはわかる、――それはお前だからだ。頭がさがることだ。――

愛するものよ。――

この手紙は、オスラーが平素、面と向って言いにくい心情を夫人に打ち明けたものであるが、彼は、手紙の中のこの一頁は抜きとってしまって、夫人の妹へ送っている。オスラーは病気の時はわりあい長い手紙を書いたが、平常はごく簡単な、走り書きが多かった。そのかわり午前中に四十通も書いたというレコードがある。手紙を書くためには少しの暇があればよかった。彼はまた平素どんなに忙しくても、子どもに出会うと、手をとったり、いっしょに遊戯をして、心から楽しんだ。

二月の終り近く、彼は旅行の途中に吹雪にあった。それがもとで風邪をひいてしばらく床に臥した。ガリソンの『医学史』を読んだのは、そのころである。

戦局はますます苛烈になる一方であった。リヴィアは後方の病院に勤務しつつも、前線の英軍の苦闘を思うと、熱いものが背中を走るのを覚えることがしばしばであった。彼の愛国の情はいよいよ燃え立ち、三月上旬、ついに彼はマギル隊を去って英帝国陸軍野砲隊を志願することを決意した。

このため、彼はいったん帰国して陸軍省に出頭し、志願の手続きをとった。その間オックスフォードのわが家に帰る機会が与えられた。

オスラーは夕方早く仕事を済ませて家に帰り、息子と夜の一時を楽しんだ。中世の古本について語り合ったり、文学を論じたり、またたがいにめいめいの本を読みふけったりした。楽しい数日がまたたく間に経ち、リヴィアは、ふたたび懐かしのわが家を去った。彼は砲兵科の将校としての訓練を受けるためにニューカッスルの兵営に入り、十月までそこに滞在したのである。

七月にはオスラーはリヴィアを隊にたずね、そこに四日間滞在した。その間この親子はいっしょに外出して、近くの図書館をおとずれたりした。

三月にはハンプステッドに心臓病専門の軍病院がつくられた。これはオールバット博士やマッケンジー博士らとともにオスラーがかねてから進言して設置させたものである。収容される患者の多くは心臓神経症で、そのほかに弁膜症もかなりみられた。

オスラーはまた四月ころからウェールズ地方大学の委員会の一員にあげられ、カーディフの医学校建設のために非常に奔走した。

各地の軍病院には顧問としてできるだけしばしば訪問し、心からの世話をしていたが、十月の下旬に、彼は顧問を断然辞すことを決意した。これはつぎに述べる不正の策略に対してひどく憤慨したためである。怒ったことのないオスラーの堪忍袋の緒を切った事件というのは、――カナダ兵が英軍病院では差別待遇をうけたり、虐待されているという偽りの報告が調査団によってなされ、カナダの軍医総監の責任が問われたことである。これは当時軍医総監と対立の立場にあった保守党の陸軍大臣が、カナダ軍を苦境の英軍から切り離そうとする策略によるものであった。オスラーは軍医総監を責任辞職させるというならば、自分も顧問を辞し、虚偽の申立てに対して、敢然と戦うことを声明したのである。そのため、ふたたび調査団が派遣され、カナダ傷病兵の待遇に少しの差別もないことが明らかにされた。そこで軍医総監の留任とともに、オスラーも元通りに顧問をつづけることになった。

この事件で約半年というものは、オスラーにとってじつに不愉快なときであった。

さらに加えて、リヴィアの第一線への出陣ということが、オスラーの心身をひどく憔悴させた。

ヴェルダンの大会戦の後、世界の耳目はソンム戦線に移った。この作戦に参加するため、リヴィアは英国を出発することとなった。

十月十日付のブリュースター夫人への手紙に、オスラーはつぎのように書いた。

――リヴィアは戦線に向う前に三日間の休暇を許されて帰ってきました。ああ、ほんとうにあなたがあの息子に会うことができればね。あれはとても成長して、私たち二人はじつにいい友達仲間です。私のもっている本にひどく興味をもっているのです。私たちは息子の行く先が心配でならないのです。しかし、どんな犠牲にも値するよいことのために征くのです。グレースは身を粉にして働いています。ホテル(オスラーの家)は例のごとく満員です――たくさんの人がやって来たり出て行ったりして、……私はたいてい、家を外にしています、――各地の病院、ウォールズ大学委員会。――しかし元気でおります。――

リヴィアは十月十七日にフランスに着き、第五十九旅団A砲兵中隊に配属され、雨と風、足を奪う泥濘《でいねい》の中をソンムの戦線に向った。ここに十、十一、十二月をすごした。悪天候の中で塹壕戦がつづいた。ドイツの第一線とはわずか百ヤードの近距離で対峙し、ガス弾を投げ合ったりした。この戦線からリヴィアはいつも元気な便りを家に送った。

リヴィアにとっても、もっとも待たれるものは母国からの便りであった。

オスラーはリヴィアからの手紙を受け取ると、すぐに誰か親しい友に便りをして、息子の手紙の一部の写しを書き添えた。

なにもかも凍る寒さの中で歩哨に立つ夜半の勤務のことや、その後、地下三十フィートの壕の中にすべり込んで二枚の毛布の間にまどろむ一時のこと。また未明に、榴散弾の弾幕の後を突撃してドイツ兵を捕虜にしたときのこと、寒さが泥濘よりも辛く、雨の日は暖くてうれしいこと、それから同僚はみんな気持のいい連中ばかりであることなどが、戦線からの手紙に書かれてあった。

十一月には義妹のチャピン夫人がはるばるアメリカからおとずれ、その後二年半も滞在して姉のグレースを助け、オスラーを慰めた。彼女は六年前に未亡人となっていたのである。

オスラーは十二月に入るとまた気管支炎にかかり、気管支性肺炎をひきおこした。このためその一月はほとんど自宅にひきこもった。といっても彼は病気中もなかなかじっとしてはいなかった。紙や本をベッドの上、脇机の上、さらに床の上にまで積み重ねて、枕を胸あてにして、手紙やノートを書きつづけた。ときには彼のいう「脳膜粒子(パッション体)がゆるみ、大脳鎌が二つに裂ける」ような咳に悩まされた。

彼はクリスマスに間に合せようと思って、大急ぎで、アメリカの友達にお祝いの便りを書いた。病床中アメリカのウィルソン大統領が交戦国に講和の通牒を発したことを聞いた朝、彼は友人への手紙にこう書いた。

――ウィルソンの通牒が途中で射ぬかれればよい。今時の平和は、きっと十年以内に、また大戦争を来すこととなるだろう。われわれはこの戦争を悲惨な最後のどたん場までやらせ、そして勝負を決してから、その先はデモクラシーを合衆国に委せばよい。私の考えでは、われわれはまだ一年半あるいはもっと長く耐えることができようと思う。――

クリスマスには、また多くのものが集まってお祝いをしたが、リヴィアのいないオスラーの心は空ろであった。夫人は病院のクリスマスの晩餐会の手伝いに出かけたりした。

二十八日はリヴィアの誕生満二十一年になる日である。

満二十一の誕生を迎えるわが子に——

まず、お前が遠くにあることを遺憾に思う。——が遺憾なのは、ただそのこと一つだけで、私が抱いているすべての感情の中で、いちばん満足に思うのは、二十一年の浄い過去を曇らす影となるような遺憾事が一つだにないことです。——そしてそのことはとくにとり上げていいたいことです。お前は、父親が希うすべてをそなえてきた。愛する、よき、若いものよ。そして父と息子とがこんなにともに幸福であることは、たしかに、そうそこいらにあることではない。……

未来は、——すべてが漠として、計画のたてようがない。われわれは最善を望むのみです。しかしお前の母親は三、四年前から例のごとく賢く、お前が大きくなったとき自由にお金が使えるように、倹約して貯金している。……その貯金はお前の名前に書きかえられるでしょう。この金は、お前が大学で普通に要る費用を払うに充分であり、また必要ならば、余分も出ます。——が、それは時たまにひき出してほしい。自分自身の金をもつことがもしできれば、それに越したことはない。数知れない多くの幸福の日々が帰ってくるように——。そして希わくば、この暴虐が過

ぎ去った後に、われわれがもっと幸福な日をともにもつことができますように、
——お前と私と、母さんとで。お前の愛する父より。

この同じ二十八日の日に、リヴィアは前線から短い感謝の便りを両親にしたためている。

——来年のこの日は、またみんなといっしょになれるような気がしてなりません。希わくばロイド・ジョージが本を買うことを止めるようなことがないように。今日が誕生日だと思うとうれしくてたまりません。私はみずからの足りないこと以外にはなんの遺憾なこともありません。ただかぎりなき愛と感謝とをお二人に捧げるのみです。——

それから一年後にノーラム・ガーデン十三番に送り届けられた将校行李の中には、リヴィアの遺品にまじって、さきの父親から出された誕生日の手紙が発見された。この手紙は泥のようなもので汚れていた。

また母親の思いをこめた貯金は、その一部の五百ドルが、九一八年の四月に、モン

トリオールのマギル大学に寄贈されたのである。

貰いいけにえ（一九一七）

ソンムの戦闘は、激しい雨の日を除いて冬の間中ずっとつづけられた。リヴィアの中隊はじりじり攻勢に出て、対峙するドイツ軍をヒンデンブルグ線にまで後退させることができた。リヴィアの砲兵隊の将校には、休暇をまとめて与えられることはなかった。そのため、ノーラム・ガーデン十三番に配達される戦線からの手紙は、ときには十日、十五日と間をおくことがあったが、またどうかすると二、三通が束にして届けられた。

その間が一週間もあくと、オスラーはなんとなく気がかりになり、ニュースのないことはよいニュースであると自分にいい聞かせつつも、不安になってじっとしてはおれず、ボドレイ図書館の世話に出かけたり、知人に手紙をつづけざまに書いたりして気をまぎらわせた。

「私は生れて初めて、こんな淋しい復活祭の日曜日をすごしました」――ブリュースター夫人にあてたこの手紙は、戦線からの便りを十日間も空しく待ったあげくに書かれたものである。

オスラーは配達された電報を開くときには、いつもリヴィアのことが、閃光のように眼の奥に走った。前年の秋にはオスラーのすぐ上の兄の息子の戦死、その年の四月上旬には姉シャーロットの長男、グイン少佐の戦死が伝えられた。オスラーは自分の身辺にも遠からず火のつくような焦燥を、いよいよ強く感じ出した。

オスラーは、過重の責任や、公務の憂いごとのために、体がひどく憔悴するのを自分でも覚え、冬の間、しばらく南デヴォン州の海岸で静養した。

四月の中旬に、リヴィアはとつぜん十日間の休暇を与えられて、七カ月ぶりにオックスフォードに帰ってきた。柔らかかった彼の手はまるで土方の手のようにすじ張り、その顔は革のように日焼けしていた。彼は、昨年の十月以降は文字通り外気の中のみで暮し、ベッドで寝たことは一度だってなかった。その健康は五週間ぶっ通しの戦闘にもよく耐えてきたのである。

「子どもで出た息子が、こんなにたくましい男となって帰ってきた」とオスラーは喜んだ。リヴィアは家人とは戦争のようすをあまり話さず、むしろ、気の合った戦友のことを話して聞かせたりした。

十日間は釣りに出かけるか、または自分の蔵書を整理し、図書目録などをつくったりするのについやされた。父親とひさしぶりに街を歩き、そのさいにフィレモン・ホーランド訳の一六〇三年版『プルタークの倫理論集』を買い求めたりした。

五月十四日にオスラーはロンドン医学協会に招かれて、性病対策に関する講演を行なった。戦争が長びくにつれて、性病の蔓延が社会問題としてとり上げられるようになっていたのである。息子の帰省のため、大いに力づけられたオスラーは、このとき精いっぱいの講演ができたようである。

オスラーは性病を民族のもっとも恐るべき敵として取り上げ、その対策を論じ、そしてつぎの言葉で結んだ。

――なによりも、もっとも希わしいことは、国民の魂が入れ替ることである。最後には、罪をおかした人もキリストにより示されたような取扱いを受くべきである。その人の書斎のマントルピースの上には、私の学んだ古い学校の創立者W・A・ジョンソン牧師がよくいっていた、人道という大憲章を掲ぐべきである。福音書中でのあのもっとも劇的な場面の真中に姦淫せる女が立ったのである。この女のまわりには学者、パリサイ人らが取りまき、彼らは眼を女からキリストに転じた。キリストは身を屈め、指にて地に「新しき律法」の言葉を書き給うた。

――「なんじらの中《うち》、罪なき者まず石をなげうて」――（新約聖書ヨハネ伝八章七節、十一節）

――「我も汝を罪せじ、往け、この後ふたたび罪をおかすな」――この値知れぬ尊きお言葉の深いこころを、われわれが充分にさとったことを証《あか》すこうした場面の写しを、新しくできるどのクリニックでもみたいものである。――

リヴィアはふたたびフランスに渡り、ベルギーのフランダース作戦地イープルにまわされた。

合衆国とドイツとは四月以来、交戦状態に入っていた。そして五月下旬には米国遠征軍の先発隊が渡英し、その中の衛生隊は、滞英中オスラーの世話になった。アメリカ人のこととなると、彼は公私ともに面倒をみ、また歓迎したのである。アメリカが連合軍にいよいよ参加することを聞いたとき、彼はまたどんなにうれしく感じたことであろう。いよいよ必勝の信念を強くしたのである。

しかしいよいよ苛烈になる戦局を想うにつけ、リヴィアの出陣はオスラーの心を重くした。

八月二十九日、第五十九旅団A砲兵中隊は、ピルケム付近に駐屯していた。丘背に四つの野砲を移動させる準備としてバチェラー少佐、オスラー中尉、ならびに十八名の兵が門地の架橋工作に取りかかっていた。この日の午後は砲火の交換もなく、戦線は平穏であった。午後四時二十分のことである。作業に夢中であった彼らの頭上に、とつぜん砲弾が炸裂して、二十名中十八名が死傷をうけた。応急処置所では「弾片傷、多数、(胸、腹、大腿)」のカードが付せられて野戦病院に送られた。ついでさらに後方のC・C・S(傷病者収容所)に移され、ここでリヴィアの父のすきなアメリカの軍医と看護婦の手にゆだねられた。リヴィアの負傷は重く、手術と僚友の輸血も効なく、翌三十日未明には息をひき取った。

風の強いこの秋の朝、ユニオンジャックの旗に包まれた遺骸は、壕の中に葬られた。従軍牧師は最後の祈りを捧げ、ついで喇叭《ラッパ》手の奏する「訣別」はフランダースの野に悲しくも消えた。

この日の午後、海を距てたオックスフォードでは、父オスラーはテキストの改訂の仕事を書斎でしていた。午後四時十五分のことである。電報がノーラム・ガーデン十三番に届けられた。

——リヴィア・オスフー中尉重傷す、気分よし、意識あり、状態望みなきにあらず——

オスラーは日記にこう書いている。……私にはこれはもう駄目だということがわかった。われわれはかくある日を期していたのだ。いままでに与えられたような幸運を、私が墓場に眠る日までもちつづけることを、天は欲しないのだ。……

陸軍省からは夜の九時に、息子の死亡を電話で通知してきた。

——あんなにおとなしい愛すべき性質をもった、あれ以上にいい若ものを私は他に知らない。彼は文学にまれなる趣味を抱くようになり、私の古い心の友たちに同じく心をよせていた。プルターク、モンテーニュ、ブラウン、フラー、それからとくにアイザック・ウォルトン。ウォルトンの『釣魚大全《ちょうぎょたいぜん》』(釣りの聖書ともいわれ、釣りの哲学も書かれてある)はそらで暗誦していたし、またその『伝記』(十六、七世紀の英文学者の生涯を書いたもの)がすきだった。われわれはまったくの失意落胆にある。しかし、彼の愛すべき生涯について貴い想い出のあることは感謝すべきである。

——

英国やカナダ、アメリカ合衆国からの悔みの電報は毎日束になって届けられた。オスラー夫妻は手をとり合って泣いた。しかしすぐにまたたがいに励まし合い、息子がいっしょにいたときと同様、残りの生涯を元気にすごそうと誓い合った。友たちへの手紙には「他の人びとはもっと辛い目にあっているのですから……」と書いた。

オスラーはおとずれる人びとにはできるだけ明るい顔をするようつとめたが、たまらなくなると、そっと人を避けて自分の部屋で涙をふいた。小さな男の子をみると、無性に可愛がりたくなって抱きしめたりすることもあった。しかし夜となると、オスラーは枕に顔を埋めて、さめざめと泣いた。

悲しい報せから四日たった九月三日の月曜日には、平常通りにクリブデンのカナダ衛生病院をおとずれた。ここの傷病兵は、オスラーの週一度の回診を心待ちにしているのであった。彼の回診は患者の心から死の暗い影をふきはらい、希望と自信とを与えるものであった。

九月七日に夫妻はチャピン夫人と友人の子どもたちを連れてスワネイジの海岸に出かけ、二週間静養した。オスラーは、一日の大部分を国内からの悔み状の返事の手紙書きについやした。この間に彼は五百通も書いている。ときにはまた子どもたちを連れて散歩したり、海岸で砂遊びの相手をした。

ここに滞在中、オスラーはリヴィアの中隊長から悔みの手紙を受け取った。これは戦死の翌日、第一線でしたためられたものである。リヴィアが最後まで、忠実なよき将校であったことがその中に書かれている。

――彼は誠心誠意働き、人に褒められようなどと考えませんでした。うぬぼれなども毛頭なく、またふつうよくあるように、うまくゆかないことのあるとき、人との間に、理を失したり癇癪を起したりすることがありませんでした。――

オスラーは息子が生前親しくしていた人には、くわしく彼の最期のようすを知らせ、またとくべつな人には息子の本の一、二冊を送り届けた。

この秋、オスラーは、テキストの改訂の仕事に精を出した。書誌協会や、ボドレイ図書館の仕事も、あいかわらず熱心につづけた。ラドクリフ病院での診療も怠らなかった。またこの秋には、アメリカの医者が多数イングランドに来ていたので、彼らのために、大学や図書館を案内したり、講演をしたりした。毎日曜の午後には、三十名ばかりのアメリカ飛行隊の連中を、お茶の会に招待して、彼らの生活に家庭的な潤いを与えていた。早くもクリスマスがおとずれた。甥やチャピン夫人、その他の泊り客で、家は満員であった。

しかしリヴィアのいないクリスマスはじつに淋しかった。……それにまた二十八日が来る、あの子の誕生日が……。

終戦の年（一九一八）

一九一八年の一月には、アメリカのウィルソン大統領が十四カ条の平和条約を提唱したが、その結果は空しく、ドイツ軍は三月に入ると西部戦線を強化し、フォッシュ将軍指揮下の連合軍と大決戦をみるにいたった。仏軍の犠牲はひどかった。これが伝わって英国民は暗澹たる冬をすごしたのである。

西部戦線にどんどん動員されるカナダの軍医の中にはオスラーの古い友人の息子たちもいた。そうした連中は渡欧や帰国の途中には、オスラーの家をおとずれるのを常とした。

「イングランドを通るときは、いつでもけっこうだから、オックスフォードに立ち寄るように伝えてほしい、私たちは弾性ゴムの家に住んでいるのですから」こういった手紙が子どもをもつカナダやアメリカの友人によく出されたのである。

そのころのオスラーの日記には、こうある。

――「歓待の家」はいつものように満員だ。じつにたくさんの人が、入れ替り立ち替り来て(幸せなことに)思案する時間もあまりない。――

彼の日記には、いつのものでも悲観的な言葉はあまり見出されない。若いものが来るとオスラーは戦争の話などはせずに、カナダでの自分の幼い時代のこと、ダンダスの小学校から退学を命ぜられたことなどをよく話して聞かせた。旧友ミルバーンの従軍看護婦志願の姪がおとずれたときには、ミルバーンといっしょに豚泥棒をしに見つけられた話をして、お腹をかかえて笑ったりした。

こうした時間には、なんとか空ろな心がまぎれるのであったが、ふと、亡きリヴィアのことが心に浮び上ると、ついたまらなくなって、自分の寝室にかけこんで啜り泣きするのであった。

この冬は、彼はともすると持病の気管支炎で床に伏しがちであったので、外部の新しい仕事の約束はなるべくとらずに、テキストの改訂の準備と自分の蔵書の整理に精を出した。古い医書をあつめたり、そのカタログをつくったりすることが、オスラーにとってはせめてもの慰めであった。このころ、初期の麻酔術に関する文献の目録と、文学に結ばれる医学——すなわち医人であり、かつ作家でもあったものの人物や作品、あるいは文学にあらわれた医人の面影、または医学的な事項などに関する文献の目録がほぼできあがったようすである。

連合軍の戦力強化のため、四月には英陸軍は五十万近くの動員を発表した。当時アイルランドは共和国として独立したい夢をもち、応召を拒んだ。オスラーはシドマスに静養中、この報を耳にして、さっそく、「タイムズ」誌上に意見を発表し、約束された永久平和建設のため、アイルランドがイングランドと行動をともにすべきことを強調した。オスラーは政治家ではなかったが、野にあって、正しい政治のために積極的な意見を発表し、その実現のために努力を惜しまなかった。

五月になってから、グラスゴー大学の総長マカリスターから、今度こそはぜひとも、王立医学協会の会長に就任してほしいと熱願してきた。

オスラーは、このときもふたたび、どうしてもお引き受けできないと返事した。しかしこの会のためには、実質的な援助に努め、五月十五日には、その医史学科の会で、「近代外科的麻酔に関する最初の印刷された文献」と題して講演した。また八月にはケンブリッジでの大学巡回講演で「アメリカにおける科学的医術の進歩」と題して語った。

オスラーは、今日まであらゆる機会を通して、単に医学生のみならず、卒業生の医学教育のために、講演や、指導をしてきた。戦争中も、このためのプランはたえず彼の頭から去らなかった。とくに戦争以来、とかく教育は短縮され、簡略化され、あるいは一方的になっているのを残念に思っていた。そこで、大学を離れて、英国や、欧州に応召、または派遣されている若き医者のために、カナダと合衆国と英国の関係当局が一つの組織をつくって医学教育をつづけることを考えたのである。

戦争の勝敗の見通しがつけられるための信用のおける情報は、いまだになかなか得られなかった。

この年、春から夏にかけて、英国には、夏季脳炎が流行した。当時この病気は病因がまったく不明とされていた。厚生省のマクナルティ博士は、オスラーを第一の相談役として、この病気の調査や対策にのりだした。オスラーはこの本態不詳の病気に非常な興味を抱き、発生する患者を追ってこれを観察した。彼は本症をハイネメジン氏病の異型と結論したようであるが、これはのちに誤りであることが明らかにされた。しかし、オスラーによって残された臨床徴候の記載は、本症の研究にすくなからざる貢献をしたのである。

こうした飛入りの仕事などで夏の日も忙しく過ぎ、早くもリヴィアの一周忌がおとずれた。八月三十日という日はオスラー夫妻にとってはまことに耐えがたき日であった。二人は手をとり合って、慰めあった。そのころやはり子どもを喪った親しい友マルチン博士への手紙には、「私たちは旗を高くかかげたまま、残る生涯を強く生きようと決心した。……心の痛みをなんとかおさえて……」と書いている。

フランスにおける戦局は幸いなことに、しだいに好転してきた。フォッシュ将軍麾下の連合軍は反撃に成功し、英軍は失われたソンムをも奪還した。しかし、当時イングランドの各地にあるカナダ陸軍病院やアメリカの病院は、どこも傷病兵であふれていた。

オスラーは、疲労しがちな体をむちうって、オックスフォードと各地の病院との間を週に何回も往復した。

九月にはカナダ陸軍衛生部隊の将校に「カナダにおける医業の将来」と題して語った。彼はカナダの医学の歴史や医人を回顧し、戦後新しい困難な条件のもとに、再出発を余儀なくされる若き人びとに将来のカナダ医学をになう医人としてのあり方を語ったのである。

彼は、政治と医業の一つを取り上げて語った。

――諸君は二人の主に仕えること能わず。政治的医師は医業または政治のいずれの面においても成功することはまれである。非常な例外はある。当時外科の第一人者であり、かつまた政治家として抜群の功を示した人に、チャールス・タパー卿がある。また私は忘れもしない、あのクレマンソーが、パリの医学校を卒業した人であることを。また英帝国の内閣には三人の医人が席を占めた。その中の一人は、かつてはマギル医学校の解剖学の教授であった。

がしかし、支えるべき家族をもち、つづけるべき臨床をもつ普通一般の医者には、飲酒や投機同様に政治にかかわらせないようにすべきである。社会の全体の利益をわきまえ、正しく生き、明晰な考えをもつ市民たることでもって、医者は、社会的ならびに政治的感化のもっともよきものを与えることができるのである。――

オスラーは酒については他のところでも意見を述べているが、絶対禁酒主義者というほどではなかった。飲酒にふけることは非常に警戒すべきことであると述べている。

十月には世界中に恐るべきインフルエンザが流行した。英国においても、肺炎をひきおこして死んでいくものが数知れずあった。医者は、だれもかれもその診療に多忙をきわめた。オスラーもたのまれるがままに、知人や、近所の患者を大人、子どもの別なく往診した。

公私の仕事に忙殺されていたオスラーが、一人のごく小さなものに対しても、どれだけの真心を捧げたかは、次の一少女の母親の手記にもうかがわれるのである。

先生は小さい娘ジャネットを、十月半ばから一カ月後の死ぬ日まで、一日二回も見舞ってくださった。娘は先生のこられるのを、いつも切なる思いと喜びとで待っていた。下のドアをコツコツと小さくたたいてから、戸を開けて入ってこられる。……と背を丸くした妖精のような方があらわれて、かん高い声で「おときばなしのお母さんはおいでですか、お茶を一ついただかせてほしいのですが」とおっしゃる。そうするとたちまち病室はおとぎの国となり、奇妙な言葉づかいで、花のこと鳥のことを話し、また足先のベッドの端に、こっちを向いて坐ってる人形に「はい、大好きなあなたがた」とあいさつされる。こうした動作・言葉の間に、先生は、このちっちゃな患者について知りたいことのすべてを探しとってしまわれるのです。

いみじくも胸をさすときがあった——十一月の寒く、冷えびえするある朝、娘の死も迫っていたときのことである。先生は、大事に紙で包んだ一本のきれいな赤いばらの花を、その内ポケットからそっと取り出して、先生が、その庭に咲いた夏の最後のこの花を、どんな心で眺め、またそのそばを通った先生によって、どうやってこの花がつみとられ、またこの花が先生のお供をして、その小さな娘に会いにいきたいといったかを話してきかされた。その夕には、私たちはおとぎばなしのお茶の会をベッドのかたわらの小さな机のまわりで開いた。

ウィリアム卿はばらと、彼の愛する小娘と、その母親に、なんともいわれぬ話しぶりでお話をなさった。そしてほどなく、入ってこられたときのように、ひそかに、膝で歩くようにして、そっと出ていかれた。こうしてこの少女は、妖精でも、人間でも、その頰の上にいつまでも赤いばらの色を保っておくことができないこと、また一つのところにいたいだけいることができないこと、たけどまたべつのホームにあって幸福でいられることを、また後に残るもの、とくにその両親に、わかれをいやなふうに思わせないようにすべきことなどがよく納得できたのです。「こうしてこの少女は、なにもかもすべてを知ってしまったが、不幸ではなかったのです。」

この一文をその『伝記』にとり上げたハーヴェイ・クッシング博士(オスラーの弟子で脳外科の先駆者)は、この母親の手記につづく、オスラーの姿をつぎのように描いている。

――しかしウィリアム卿がこの部屋を出て、姿勢をまっすぐにのばし、妖精の役を終えたとき、彼は口笛を吹かなかったにしろ、泣いたであろうと想像させる。というのは、彼にはこれが最後のおわかれであることがわかっていたからである。

――

口笛を吹くというのは、オスラーが臨終の患者の部屋から出たときに、悲しい気持をまぎらすためによくしたしぐさであった。

十月末には、オスラーはリヴィアの所蔵の英文学書を、記念文庫として、ジョンズ・ホプキンズ大学に寄贈することを総長に申し出た。オスラーはそれとともに自分の文庫の中から、文学に関するもの、シェリー、キーツ、ミルトン、シラーなどの本をもあわせて寄贈するつもりであった。そしてこれにエドワード・リヴィア・オスラー記念資金をそえ、これをリヴィアの興味をもっていたテューダー朝とステュアート朝時代(一四八五—一七一四)の英文学の研究の奨学資金とすることを申し出たものである。

戦争は秋となるにつれて終焉に近づき、十一月三日にはオーストリアが単独休戦をした。四日にはドイツに内乱がおこり、同月十一日にはドイツの休戦となり、四カ年半の戦争がここに終りを告げた。この日、ロンドン、パリには戦勝の大行列がみられた。

終戦後の三、四カ月は、オックスフォードのオスラーの家は、戦線から引きあげる、カナダ、アメリカの軍医の駐屯所の観があった。

さすがの弾性ゴム製「歓待の家」も、来客ではみ出るほどであった。クリスマスのころには身内のものとしては、義妹のチャピン夫人、オスラーのすぐ上の兄フランシスとその夫人、そのほかに、甥たちが泊っていた。

オスラーはこのクリスマス前の一週間は気管支炎でまたも床に伏していたようである。

二十五日にはブリュースター夫人あてにつぎの手紙を書いた。

——ロバート(ブリュースター夫人の夫)は昨夜来訪、私たちはとても忙しいクリスマスをすごしました。家は満員です。……あなたがみんなといっしょにここに来ておられれば、どんなにうれしいかとぞんじます。……

こちらではみんなが合衆国とウィルソンに熱をあげています。この二、三カ月の間の変り方といえば、なんと驚くべきことでしょう。これからがほんとうの平和なのでしょう。かわいそうなアイザック(リヴィアのこと)、この平和のときまで、もうすこし待っておればよかったのに――

彼は戦争や、それに付随したものがすべて大嫌いだったのです。

愛するものたちにキッスを送ります、みんなによろしく。――

オスラーより

生涯のフィナーレ(一九一九)

戦争は終ったが、英国国民の生活にはいろいろと困難なことが多かった。肉・バター・砂糖といったものはすべて配給であった。オスラーのところをおとずれる客も配給切符をもっていった。窮屈な生活の中で、殺到し、氾濫するほど多いのは、来客と手紙と仕事ばかりであった。戦後、必然的に大流行する性病の対策にも、オスラーはいろいろ頭を悩まし、結核と同じように、性病に対する一般の教育が必要であることを強調した。

戦争中、新しい医学の歩みからとり残されていた応召軍医のための再教育の問題は、その後少しずつ具体化し、一月九日には、カナダおよび合衆国の海外医学徒を会員とする連合国医学懇話会が成立した。

英米医学の橋渡しの恩人、オスラー卿がその会長となることは、当然のようであったが、彼は、これを固辞した。橋渡しをしたり、それが成立するための礎をつくることが、オスラーの終生の役割りであった。エンジンが動き出せば、彼は、その車をできるだけ早く若い人に渡して、思うぞんぶんに操縦させたのである。

書誌協会のほうだけは、この年もひきつづき会長をつとめた。

この年になって、オスラーのいちばん気がかりになっていたことは、まだそのままにされているテキストの改訂の仕事と、五月に約束した古典協会の会長演説とであり、そのほか、オスラー文庫のカタログ作成も早く始末をつけたかった。蔵書をあれこれと本棚からおろしつつ、「この調子ではまだ五年ぐらいかかる」と、つぶやくこともあった。来客のため仕事はたえず中断されたが、オスラーはどんな人にも忙しそうなようすを示さなかった。そのころは、秘書がいて、オスラーの手助けをしていたようである。

ロンドンのラドクリフ病院の診療には依然、週に一、二度出かけて行った。一月末の日曜日にはインフルエンザ肺炎で急死した患者をみずから剖検して、くわしい記録を残した。「ランセット」誌の一九一九年三月二十九日号に発表されたこの報告は、数多い彼の症例報告の最後を飾るものとなった。

戦後オスラーの気がかりとなっていたまた一つのことは、敗戦国民の消息である。戦争をあれほど忌み嫌い、またドイツ軍の残虐性を怒った彼であったが、人と人との交わりという点からは、国境を忘れた彼である。二月上旬にはオーストリアの人びとの多くが餓死に瀕している噂を耳にして、当時ウィーンにいたウェンケバッハ教授にさっそく手紙で問い合せ、援助の意のあることを伝えた。

ウェンケバッハからウィーンの惨状を知らされたのは、四月になってからである。彼は手紙を受け取るや、さっそく外務省に出かけて、援助の進言をしたり、また在英のアメリカ赤十字の人びとに救済の必要の緊急なことを訴えた。

六月になって、欧州救済義捐金募集の会合がオックスフォード公会堂で開かれたとき、会長オスラーは聴衆につぎのように訴えた。

——人間として、おたがいは人道主義的な問題に直面した。いまや戦争が終ったからには、いよいよキリスト教精神を発揮して、餓死線上にあるわれらの兄弟を救うために、各人の財布を空にすべきである。——

オスラーは、オックスフォードに来てから、専門の医学や医史学の学会以外にも、ずいぶんといろいろの社交の会やクラブに関係していた。その中でオスラーの生涯の最後を飾り、彼を喜ばせたものの一つは、この年の三月になって、「ジョンソン博士クラブ」——または単に「クラブ」とも呼ばれていた——の会員に推薦されたことである。この会員はおもに政治家や文学者の集りで、当時三十人の会員に限定されていた。この会は一七六四年にジョンソン博士によって始められたもので、英国のみならず世界にも有名な会であった。オスラーは四月一日に初めてこのクラブの晩餐会に出席し、キプリングの話などを聞き、戦争以来ひさしぶりに楽しいときをすごした。

オスラーにはキプリングやジョン・ブカンその他の文学者や哲学者の友達があり、またそうした人びとの間ではオスラーの文学の素養、古典の蘊蓄《うんちく》が高く評価されていた。当時英国にはギリシャ、ラテンの哲学の教授連を会員とする古典協会があったが、オスラーは、五月の総会では、この年度の会長として、特別講演をたのまれたほどである。

オスラーは、かねてからこの依頼をうけていた。彼としても、これを非常な光栄に感じ、このためには、半年ばかりも、少しずつ準備していたようである。たまたまカンヌの赤十字の会議の帰途、オックスフォードに立ち寄り、この会に出席したウェルチ博士には「いままでこんなに準備のために、時と頭とを使ったことはなかった」と述べている。

この日、オックスフォードはさわやかに晴れ、りんご・梨・リラの花がところどころに美しく咲いていた。朝早くオックスフォードのディヴィニティー学校でこの会が始められた。オスラーは緋色のガウンを着、ベルベットの帽子をかぶって壇上に立った。かかげた題は「古い人文学と新しい科学」である。壇に立つまではうまくやれるかしらと、多少気にしていたが、彼のヒポクラテスの古典からニュートンの現代に通じる豊かな蘊蓄と、人の心をとらえる弁舌とは、聴衆の心をまったく酔わせてしまった。講演の後には、オックスフォード大学に秘蔵されていた初期の科学に関する器具、機械類などを一同に展覧した。

ウェルチ博士はその日のオスラーを回想し、古典に通じる学者としてはリナクル以来のもっとも偉大な医人であるといっている。リナクル、ハーヴェイ、シデナム、この英国の生んだ三大医人の三枚続きの写真はボルティモアや、オックスフォード時代を通じて、オスラーの書斎に飾られたものである。

そのころ夫人が友人に出した手紙には、こう書かれている。

——誰もが「ウィリアム卿の驚くべき学識」を私に賞讃するのです。そんなにえらい医人が、へまなことにこんな大馬鹿さんの私を奥さんに選んだことは、なさけないことのように思われます。でもいくら主人がその家を親切に開放しても、もし賢く、芸術的な、しかしぐずぐずした奥さんを迎えていたならば、来るお客さまがたをこんなに気持よく取りはからうことはできなかったでしょうに。——

オックスフォードは五月となると、じつに気持よい季節となったが、冬の間に衰えたオスラーの体力は、いっこうに回復しなかった。一時はよるかった頬が、だんだんおちて淋しくなってきた。

夫人グレースは、この半年というものは、オスラーにとくにやかましくいって、いままでのいきがかりの仕事はべつとして、新しい仕事の約束をとることを止めさせた。

夫人が代って断り状を書くこともあった。

――私はウィリアム卿が疲れすぎないように、非常に気をつかっています。四カ年の気の張りと、つづく悲劇的な結末と悲しみとが、体にこたえたのです。注意さえすれば、きっと相当な年まで長生きできようと思います。

私はあの人にあらゆる不必要な労働をさしひかえさせ、人類のよきしごとのために役立たせたいのです。――

重荷となっていた古典協会の責任は無事に果たしたが、つぎの大物は、いまだにテキストである。このほうは気がせくのみで、どうしたものかあまり脂がのらなかった。七月十二日はオスラーの第七十回の誕生日であった。この日、ノーラム・ガーデン十三番には、合衆国・カナダ・欧州の各地から祝電祝辞が殺到した。アメリカ医師会雑誌や「ランセット」誌はオスラー特集号を発刊した。またカナダ、合衆国、英国、欧州各地のオスラーの旧友や弟子百五十人の寄稿から成る記念の本が、未完のまま、この日オスラーに贈られた。これは戦争中から準備されていたものであるが、完成したのはこの年の暮れで、ようやくその臨終の床に間に合ったのである。

祝賀会では一番の年長者のオールバット卿が、祝辞とともに、これをオスラー博士に贈呈した。受け取った彼の目はこみ上げてくる感激のために潤んでいた。彼はいままでにない感動に声をふるわせて謝辞を読み上げた。

……この医業を愛し、その将来を熱心に考えつつ、私は今日まで、その中に、またそのために生きることに満足してきた。

よき教師となり、健全な臨床家になりたいという絶えない野望は、特別な性質の機会によってはぐくまれてきた。もし、私がなにかに成功したとすれば、それは同僚の絶えざる親切と、連綿とつづく献身的な弟子たち諸君――この人たちの人生の成功は私のとくに誇りとするところであるが――に負うところが多い。

私とのかかわりが、書かれた文字によってのみなされる広い範囲の人びと――英語を語る世界の一般臨床家――に対して一言申し上げたい。私はあなたがたの、誠意ある援助を心から感謝する。私の生涯において私をもっとも感動させまた喜ばせたものは、遠くにあってまだ一度もじきじきに会ったことのない人びとから手紙を受け取ったときである。そして、私たちの歩んできたこの大いなる戦いの間に、私はかつて知らなかった悲しみをうけたが、その傷は、多くの親しい友たちの愛の同情によってやわらげられたのである。もう一つつけ加えさせていただき、感謝を捧げたいのは、私たちの医業を愛し、そのために働き、またその家庭のよき感化を、後につづく代々の学生たちの心におよぼした妻に対してである。——

オスラーはこの会の間中、体がぞくぞくするのを覚えた。夜帰宅したときは高い熱があり、一晩中咳で悩まされた。二、三日で熱が下り、起きてみたが、七月十二日からまた気管支性肺炎となり、臥床した。病床中グラスゴー大学のマカリスター博士あてに「An anaphylactic birthday bronchial shock(過敏性誕生日気管支ショック)で倒れた」と書いている。

病床で、彼はジョンズ・ホプキンズ病院年報七月号が彼の誕生を祝して、二十の寄稿がよせられ、また詩が捧げられているのをうれしく読んだ。この号には、その病院の婦人図書館員の努力により、オスラーの発表した文献の目録が載せられていた。

この病床中、彼は合衆国のメリーランド医師会の負債整理のことを聞き、さっそく千ドルの小切手を送った。病床にあっても彼の意図にはいつも実行が伴ったのである。

——おれの思想に、

行動で冠をかぶせるために、
思いついたらすぐ実行だ。
――マクベス――（シェークスピア）

二十日には床を上げたが、八月一日から六週間の予定でジャージー島の海岸に静養に出かけた。

ここでは来客もなく思いのままに時間をついやすことができた。夫人はオスラーのために机を二つ並べた。一つはテキストのために、他の机は、かねて約束した詩人ウォルト・ホイットマンに関する講義のために。これはウォルター・ローリイ教授がホイットマンの講座を始めるまえに、ホイットマンと個人的な交渉のあったオスラーになにかしゃべるように頼んだものであった。

オスラーが最初にこの詩人に会ったのは一八八四年、すなわちフィラデルフィア赴任後間もなくのことであり、英国の医者からの頼みで往診を乞われたときである。六十五歳の白髪の詩人をカムデンにおとずれたときは、彼に関してなにも知らなかったが、その後『草の葉』その他の作品を読み、二、三回と会っているうちに、彼の人生観が弟子に与えている絶大な感化に打たれたそうである。

ホイットマンのほうの机の仕事ははかどったが、テキストの机は、ややもすれば打ちやりにされた。彼は神経系を書き改めていたのであるが、ジョンズ・ホプキンズの資料が手元にないため、非常に困難な仕事であった。共著のフィラデルフィアのマクレー博士には、遅延していることをまことにすまないと詫びている。

こうした仕事の合間に、例のごとく幾通ともなく手紙を書き、また、近くの子どもたちを連れて海岸を散歩した。

ここに来て五週間の間にオスラーは二十一ポンドも体重がふえ、肋骨も見えなくなった。彼は健康に非常な自信を取り戻し、九月十二日にオックスフォードに帰った。九月二十二日からは、スコットランドに出かけ、グラスゴーやエジンバラをおとずれた。帰途鉄道員のストライキにあい、ニューキャッスルからは二百八十マイルをぼろ自動車でとばした。この帰途、また風邪をひき、ひきつづき臥床した。この病床中にロビンソンの精神病の新刊書を注文したりしている。そのうちに時折り悪寒があって不規則な熱を伴うようになり、咳もなかなか止まなかった。

ラドクリフ病院のギブソン博士や、当時ロンドンのある病院で働いていたマラック博士らが見舞に来た。オスラーがベッドの上でよくうつぶせになって手紙やメモをしたため、枕もとに本を積み重ねているのを見て、オスラーに安静を勧めたが、彼はどうみても従順な患者ではなかった。オスラーを患者として扱うことは、後輩の医師には非常にむずかしいことであった。

オスラーは見舞に来てくれるギブソン博士たちに向って「七十の年の肺炎は致命的だ。これは私がよろしくいっておわかれしたい人びとの名簿です」といってリストを差し出したりした。彼は苦しい中にもよく冗談をとばし、また楽しい昔話をした。

十月十六日からは熱が下ったが、その代りに百日咳のような咳の発作にひどく悩まされるようになってきた。

ボルティモアの友人あてに書かれた手紙には「十六日以来熱なし、しかし咳が止まない。ときどき咳の発作がある。年寄りの百日咳のようにたちの悪い咳の発作である。ある夜などは、もう少しで蠟燭の火を消すところだったよ。第三型の肺炎菌とカタル性ミクロコッカスとが病原体。診察してとくに所見らしきものなく、——ただ、下部で反響音が少し弱い。しかしラッセル音や気管支性呼吸音は聞こえない。私は、修繕中だから、一週間もすれば起きられよう」とある。

十月十九日に義妹のチャピン夫人（愛称シュー）あてに書いた手紙を読むと、非常に苦しんだ咳の発作が思いやられる。

——お助け、お助け！ シューー妹よ、私のCri du cœur（心の叫び）が——こんなときに使うものではないが——海を渡っていくのを、数回以上も聞いたでしょう。全体からいえば、私は……の時をもった。それでいて痛みも、頭痛もまったくない、ただ、咳のひどい発作で痙攣をおこすときだけは苦しい。咳やしわぶくことの種類や、むらのあることについて、私の知らないことはない——がどうなるか、成り行く先は、はるかに遠い。

薬局方の本を閉め出してしまえ、阿片の外は……。阿片だけがどうにかものになる。なんと慰めになってきたものか！ ああ妹よ。もちろん死んでしまうかと心配した。二日間、私にはとても悪く感じられ、発作、発作で消耗した。私たちはしばしばあなたのことを話し、ここに来ておればよいのにと思った。アーキー（マラック博士のこと）はときどき来てくれる。ビル（甥のフランシス）博士は火曜か水曜日に来るはず。

Wより

床に臥してはや一カ月も経った。その間夫人は疲れを隠して一生懸命に働き、また「じつにいい女性だ、まるで私を子どものようにあしらう」とオスラーが評した看護婦がオスラーの世話をした。

看護婦はオスラーにギブソン博士の処方した水薬を飲ませるときは、いつも、苦労した。彼はいろいろの薬を混ぜ合せた水薬を飲むのを好かなかった。ストリキニーネとか、ジギタリスを単味で飲むのが好きであった。「阿片のような驚くべき薬に、なんだってこれに劣る薬を混ぜて汚すか……」とよくいっていた。

モルヒネの注射をうけてうつらうつらする時には、よくテニスンの愛詩を吟じ、またBovell, Bovellとありし日の師の名を指先で書いた。

十月の末には一時軽快し、一日に三、四時間はおきあがって、読みものをしたり、手紙やノートを書いたりした。あるときはチャールズ・ラムの作品に酔い、あるときはトマス・ブラウン卿の『医師の信仰』中の愛好の頁にわれを忘れた。

十一月上旬になってある夜、急に胸痛を訴えた。肋膜炎をおこしたのである。しかし乾性ラッセル音が聞こえるだけで滲出液のたまるようすもなかった。

——少しよろしい。咳が少なくなる。発作も少し軽い。熱なし。一般状態良好、非常に心持よく楽しい。夫人によろしく。——

こうした短い手紙が彼を気づかう友人あてに出された。しかし看護婦の追想記によると、「先生は初めから、自分の病気の予後が見込みのないことをごぞんじだった。にもかかわらず冗談をいったり、主治医のギブソン博士をからかったりしていられた」ようである。

彼はこの小康を得た間に、パジェット著『ホースレイの生涯』を読んでその書評を床の上で書いた。この鉛筆書きは、彼の発表した最後の原稿となった。このころはまだ幾分元気があったので、どんどん読書し、長い手紙も書いた。とくに二十年の親しい道づれブリュースター夫人には。

ブリュースター夫人とは、オスラーが一九〇〇年の休暇時に、ヴァージニア州の海岸のホテルでたまたま十八歳の少女を往診してからの知り合いであった。彼女は後にロバート・ブリュースターと結婚したが、このオスラーより三十三歳下のブリュースター夫人とは、以来二十年間しばしば文通し、また機会をみて遥かに住む彼女の家を訪ねている。彼女はオスラーにとっては心の友であり、心情を打ち明けやすい女性だったようである。オスラーの妻グレースは、オスラーが自宅に連れてきた大勢の若い人をもてなすことでいつも多忙であり、本を読むという余裕などなかった。彼女は実質的な家庭婦人であり、オスラーは家のことはすべて彼女にまかせきりであった。一方、ずっと若いブリュースター夫人マーベルは、富裕な環境で育ち、文学や花を愛した。オスラーは自分の読んだ本をよく手紙で彼女に知らせた。彼女はまたオスラーのヒューマンな心を非常に愛していた。

ブリュースター夫人(当時三十七歳)あてのオスラーの最後の手紙は、オスラーの死の数週前の十一月中旬ごろに書かれている。それがつぎの一文である。

――十四日付けのあなたの手紙をほんの今受け取って、うれしい思いでいっぱいです。私のこの楽しい気持をお察しください。――肋膜炎の起こった二、四時間を除いては痛みもありません。咳の発作が起こるとどうしようもないのです。私にとってというより、なんともグレースに気の毒で、熱はないし、脈もよいのです。しかし、やっかいなのは、このなんともいやな具合に尾を引いていることです。それも七十一歳という年で、港はもうそんなに遠くはないのですから。だが何と幸福な旅路だったことでしょうか！　しかも私には、ずっとこんなにいとおしい旅の道連れがあったのですから！　そして先のことはなにも思い煩うことはありません。むこうで息子とその友アイザック・ウォルトン(息子の好きだった英国の随筆作家。一五九三―一六八三)その他の人びとに会えるのはすばらしいことだろう。もっとも本当のことはだれにもわかりませんけれどもね。……「あなたに心をよせる」かもしれません。あなたがあなたのいとしい子どもらといっしょにとった写真が、ちょうど具合よい角度で、私のほうを向き、あかりの灯を受けた私を見ているのです。ロバート（ブリュースター夫人の夫）といとしい子どもたちと、愛するあなたに、またネッド伯父さんにもよろしく。グレースは、私のようすが悪くなったら、必ず電報を打ってお知らせするでしょう。――

オスラーは、ブリュースター夫人には多少控え目の気持で心情を伝えているが、ブリュースター夫人に対しては、妻のグレースのとはまた異質の愛情を感じ、読書好きの友人同士としての暖かい心の交流が長年続いていたようである。

ブリュースター夫人への静かな、しかも心のこもった手紙とは対照的に、義妹チャピン夫人への十一月二十八日付けの手紙には、容態をつぎのように伝えている。

――以前とちっとも変わらない咳がまだ続いている！　私たち二人ともすっかり疲れてしまった。ロンドンの友人のヘイル・ホワイト医師は、昨日、容態は悪くないといってくれた。だから見通しはよい。――

オスラーは一応観念しているようではあるが、それでも医師の希望的な言葉はけっして不快ではなさそうで、心の底には一抹の希望なきにしもあらずというのが、これらの手紙から察せられるオスラーの心境である。

十一月末、病勢がふたたび悪化するすぐ前には、カナダ・合衆国・イングランド各地の数多い友たちにあて、短い便りを書いた。ハワード教授あての手紙には「急性の肺の障害の後に、こんなにひどい咳がつづけざまに繰り返されるような肋膜炎が、私にはどうも解せない」とある。

十二月になると、感染がだんだん深部にひろがるような気配がみられた。ロンドンの友人のヘイル・ホワイト博士がときどき診察に来た。マラック博士もこの家に泊りこむようになり、看護婦がさらに一人加えられた。

十二月五日付のマフック博士のノートにはつぎのようにある。

――晩《おそ》くなってから、先生は頭がかっとなる感じがするといわれた。そこで私がその説明をしようとしたところ、先生のいわれるに「ダーキー（マラック博士）よ、どうかしてるね。私は、このケースを二カ月間もじっと観察してきたのだよ。だが残念なことに死体解剖をみるわけにいかない。とにかく、本はあそこにある。君はミケランジェロとその墓とについてごぞんじかね。ああなんと悲愴なことか——で、そのミケランジェロと彼の墓とが、またオスラーとその書斎だ。」

彼は数人のものにあてた手紙を私に代筆させて、彼のようすを伝え、また他のものにつげるようにと書かせた。夕食の後、彼は私にトマス・ブラウン卿の『医師の信仰』の「一八六八年版」をとってくるようにいわれたが「一八六二年版」のつもりだったので、私はそれをもってきた。彼はその中のどこかを探すようであった。

——

十二月十日、トマス・ホーダー卿が見舞いにきたとき、彼はつぎのメモを差し出した。

10.XII.19.(一)感染はなお強くひろがってる。またいがらっぽい咳は、モルヒネ剤でおさえられるのみ。(二)心臓はいままでのところ障りないが、こんなに発作がつづけば先がみえている。(三)滲出液がふえたかどうかは、はっきりしない、——しかし濁音界は少し高くなったように私には思われる。(四)午後七時までは、非常に気持よかったが、そのころから灼熱、不快感があらわれ、体温は上らないが非常に熱っぽい。ときどきはこれに悪心と嘔気とが伴う。

W・O

彼の眼には、その長い人生の航海の港がもう見え出していた。彼は看護婦や大人の隙を盗むようにして、手紙やメモを走り書いた。

さらに、遺言として、蔵書の処分のこと、彼のテキストの始末のこと、オスラー文庫のカタログ作成のこと、自分の死体解剖のこと、執刀者の依頼、死後の自分の脳をウィスター研究所に渡すこと、火葬と遺骨の処分のことなどをメモに書いた。

いよいよ彼が鉛筆も持てなくなってからは、マラック博士に代筆させて、旧友のミルバーン、オグデン、シェファードなどにわかれを告げた。

熱が高くなり、またつづくモルヒネの注射で、オスラーはもはや、自分で本も読めず、うつらうつらするときが多くなった。彼は古なじみの本を病床の脇机に重ね、その中からあちこちを誰かに少しずつ読ませた。トマス・ブラウン卿のものはもちろん、また息子リヴィアの愛読したブリッジの佳句集なども、その中にふくまれていた。義妹のチャピン夫人も、甥のフランシス博士も危篤ときいてかけつけてきた。

十二月二十一日には、膿胸が疑われ、自宅で外科医により麻酔下で胸腔内にドレインが挿入されたが効果少なく、十二月二十五日には自宅で右側の肋骨の一部の切除手術が行われ、膿瘍巣が調べられたが発見されなかった。手術後、彼はアメリカ医師会雑誌気付でアメリカ合衆国のすべての医者にあてて、クリスマスの祝辞を打電させた。

静かなクリスマス・イヴであった。オスラーはミルトンの『キリスト降誕の朝に』をよんでほしいといって目をつむった。これは毎年クリスマス・イヴになるとオスラーがリヴィアによんできかせたものであった。

「彼女を慰めるアイザック(リヴィア)なき夫人グレースを後に遺すこと」、それにわかれを告げることができなかった友たちやその愛する子どもたち以外には、オスラーの心をこの世にひきとめるものはなかった。

手術も、ついに彼を救うことができなかった。十二月二十九日午後、肺膿瘍が破れ、胸腔に多量の出血があり、彼は痛みも、苦しみもなく、永遠の眠りに入った。時は十二月二十九日、午後四時三十分であった。オスラーの最期はまことに「平静」そのものであった。

剖検は、オスラーが生前に指名したごとく、内科の主治医であり、また病理医でもあったギブソン医師によって行われた。オスラー自身も内科医であり、また病理医でもあった。

剖検所見　右肺下葉に多数の小肺膿瘍があり、右下葉の気管支拡張と気管支枝腔内の膿様滲出物の貯留、その他肺炎の所見もあった。

＊　　＊　　＊

葬儀は翌一九二〇年一月一日の午後、クライスト・チャーチの歴史ある礼拝堂でおごそかにいとなまれた。オックスフォード大学の職員・学生、政府・市の代表者、全英各地の大学・研究所・学会などの代表者、その他の会衆で堂は満ちあふれた。

医学と、世界の人類のために、とくに若きもののために、その生涯を捧げたウィリアム・オスラー博士の遺骸は、ベルベットの棺布におおわれ、その上には百合の花とオスラーが六十二年間愛読した終生の友、『医師の信仰』が載せられていた。この一八六二年版(初版は一六四三年)トマス・ブラウンの本の扉には、

――この本はマギル(医学校)でなくF. R. Osler(息子リヴィア)にわたす。

W. Osler

九月二十一日、一九一四年――

とあり、その下には病床でのふるえる鉛筆書きで左の一句が記されている。

——この本を“comes viae vitaeque”「この人生の旅の道づれ」と呼ぶにまさる言葉があろうか——十二月六日　一九一九年

(注)　トマス・ブラウンは、その遺書に「墓に自分を埋めるとき、生涯私のそばにあって朽ちたエルゼヴィア・ポケット版のホレースを革か木のケースに入れて、棺の上においてほしい。“comes viae vitaeque dulcis et utilis”「この人生の旅の道づれ」はなんとこころよく、有益なものであろう(ホレースの詩の中の一句)」とある。

オスラーの蔵書は、遺言通り処分された。医学史に関するものや、その他の医学書の大部分(八千六百冊)は、カナダの母校マギル大学に贈られた(このオスラー文庫の目録は、同大学のW・W・フランシス博士〔オスラーの甥〕、マラック博士らにより編集され、一九二九年にオックスフォード大学から出版された)。

英文学に関する蔵書は、息子リヴィアの英文学書にそえて、ジョンズ・ホプキンズ大学に寄贈された。この文庫中には、リヴィアの生前に、彼に与えた「テキスト」の一九〇五年版の第十万号もふくまれている。

また特殊の古本や記念の本は英国のボドレイ図書館、英国博物館、王立医師会図書館、王立医学会、パリの医師会、ローマのランシシアナ図書館、オランダのライデン大学、合衆国フィラデルフィアの医師会などに贈られた。

またワシントンの陸軍図書館にはジョンズ・ホプキンズ大学医学部の告別演説で読み上げた原稿が遺されている。

オスラーの遺骨はカナダのマギル大学の医学図書館に安置されている。また、オスラーの脳はフィラデルフィア医師会資料室に所蔵されている。オスラーはときどき自分の肖像をかかせたり彫らせたりしたが、もっとも有名なのは、オックスフォードに赴任した年、ジョンズ・ホプキンズのウェルチ、ホルステッド、ケリイ博士たちが来訪したとき、記念のために、サージェント画伯に大きくかかせたものである。この四人の大肖像画は、ジョンズ・ホプキンズ大学のウェルチ記念図書館に飾られている。

復刊にあたって

私は、日本だけでなく英米の医学生にもオスラーの精神が生かされることを願って、仁木久恵教授と共著で、オスラーがカナダや英米の医学生や医師、看護婦のために行った講演二〇篇に一六〇〇余の注解を付して、*Osler's "A Way of Life" & Other Addresses with Commentaries & Annotations* と題する本を出版した（B5判三七八頁、デューク大学出版部、二〇〇一年七月刊）。日本人である私たちが、オスラーの難しい講演の文章に多数の詳しい注解をつけて出版したことがアメリカオスラー協会の会員の話題になったが、それればかりではなく、医学雑誌に書評が載ったことから医学生や医師の間でもオスラーに注目する人が確実に増えたようである。日本でも医学生や医師の間で、近代医学の先覚者、教育者としてのオスラー博士の生涯について知りたいと思う人がどんどん増えてくればいいがと願っていたが、この度、私が若いときに著したオスラー伝が一一年ぶりに復刊されることとなった。ヒューマニズムに満ちたオスラーによる医のアートとサイエンスの真髄が、さらに広範な読者の心を強く打つことを信じ、この復刊を心から喜ぶものである。

二〇〇二年四月一五日

日野原重明

現代文庫版あとがき

このたび本書が岩波現代文庫に加えられることになったのは、私にとって何よりの喜びです。というのも、本書はもともと、私がオスラー博士の愛弟子であった脳外科医のハーベー・クッシングの書いた分厚い伝記 *The Life of Sir William Osler*（上下巻、一九二五）を読んで、一九四八（昭和二三）年に『アメリカ医学の開拓者—オスラー博士の生涯』と題して中央医学社から出版した小伝記です。表紙は私がオスラーの横顔を模してデザインするなど、当時三七歳の私にとっては特別の思いのある本でしたが、戦争直後の紙不足という事情もあって、千部を印刷してもらうのがやっとという時代でした。本書はその復刻版として一九九一年に岩波書店から出版されたもので、それから一〇二歳を迎えた今日まで、変わることなくオスラー博士は私の生きる上での指針を差し示している存在でありつづけています。

一八四九年にカナダで生まれたオスラー博士は、医師になってからカナダのマギル大学、米国のペンシルヴァニア大学、ジョンズ・ホプキンズ大学、そして英国のオックスフォード大学とそれぞれの付属病院で、医学生や看護学生、そして研修医師や地域の医師などを、医療を提供する現場である病院に引き込んで臨床指導教育に当たってきました。これは一九世紀後半から二〇世紀初頭にかけてのことでしたから、私たちは今、ちょうどその一〇〇年後を生きていることになります。

確かに医科学の分野においては、遺伝子の解明や高度な医療機器の開発など、当時では予想もつかないほどの進歩を遂げています。しかし、オスラー博士が常に説き続けた患者への愛、人間愛といってもいいかもしれませんが、それについては今なお、医療に関わっている一人一人の資質の領域に任せられたままになっているのではないでしょうか。これらについては、教育などによって与えられるものではなく、個々人が深い自覚のもとに自分の資質として獲得していくべきものではないかと思うからです。

二〇一一年から絶版になっていた本書が、現代文庫として新たに書店の書棚に並ぶ――これは、まだ若く理想に燃えていた七〇年も前の自分に出会うような面映ゆい思いにも駆られます。しかし、今なお私の生き方のモデルとしていちばんにその名をあげるオスラー博士の生涯は、新たな読者の方々にも多くの示唆を与えてくれるものと信じます。

なお、私が理事長を務める「特定非営利活動法人　日本オスラー協会」は、どなたにも門戸を開いています。左記のホームページをご覧いただければ幸いです。

http://www.osler.jp/

二〇一四年一月

日野原重明

本書は一九四八年四月、中央医学社より『アメリカ医学の開拓者――オスラー博士の生涯』として刊行され、九一年二月、岩波書店より復刻版が刊行された。

医学するこころ—オスラー博士の生涯

2014年4月16日　第1刷発行
2020年9月4日　第3刷発行

著　者　日《ひ》野《の》原《はら》重《しげ》明《あき》

発行者　岡本　厚

発行所　株式会社　岩波書店
〒101-8002 東京都千代田区一ツ橋2-5-5

案内 03-5210-4000　営業部 03-5210-4111
https://www.iwanami.co.jp/

印刷・精興社　製本・中永製本

ISBN 978-4-00-603268-5　Printed in Japan

岩波現代文庫創刊二〇年に際して

二一世紀が始まってからすでに二〇年が経とうとしています。この間のグローバル化の急激な進行は世界のあり方を大きく変えました。世界規模で経済や情報の結びつきが強まるとともに、国境を越えた人の移動は日常の光景となり、今やどこに住んでいても、私たちの暮らしは世界中の様々な出来事と無関係ではいられません。しかし、グローバル化の中で否応なくもたらされる「他者」との出会いや交流は、新たな文化や価値観だけではなく、摩擦や衝突、そしてしばしば憎悪までをも生み出しています。グローバル化にともなう副作用は、その恩恵を遥かにこえていると言わざるを得ません。

今私たちに求められているのは、国内、国外にかかわらず、異なる歴史や経験、文化を持つ「他者」と向き合い、よりよい関係を結び直してゆくための想像力、構想力ではないでしょうか。

新世紀の到来を目前にした二〇〇〇年一月に創刊された岩波現代文庫は、この二〇年を通して、哲学や歴史、経済、自然科学から、小説やエッセイ、ルポルタージュにいたるまで幅広いジャンルの書目を刊行してきました。一〇〇〇点を超える書目には、人類が直面してきた様々な課題と、試行錯誤の営みが刻まれています。読書を通した過去の「他者」との出会いから得られる知識や経験は、私たちがよりよい社会を作り上げてゆくために大きな示唆を与えてくれるはずです。

一冊の本が世界を変える大きな力を持つことを信じ、岩波現代文庫はこれからもさらなるラインナップの充実をめざしてゆきます。

（二〇二〇年一月）

S265
日本の農山村をどう再生するか
保母武彦

過疎地域が蘇えるために有効なプログラムが求められている。本書は北海道下川町、島根県海士町など全国の先進的な最新事例を紹介し、具体的な知恵を伝授する。

S266
古武術に学ぶ身体操法
甲野善紀

桑田投手が復活した要因とは何か。「ためない、ひねらない、うねらない」、著者が提唱する身体操法は、誰もが驚く効果を発揮して各界の注目を集める。〈解説〉森田真生

S267
都立朝鮮人学校の日本人教師
―一九五〇―一九五五―
梶井陟

朝鮮人の子どもたちにも日本人の子どもたちと同じように学ぶ権利がある！ 冷戦下、廃校への圧力に抗して闘った貴重な記録。〈解説〉田中宏

S268
医学するこころ
―オスラー博士の生涯―
日野原重明

近代アメリカ医学の開拓者であり、患者の心を大切にした医師、ウィリアム・オスラー。その医の精神と人生観を範とした若き医学徒だった筆者の手になる伝記が復活。

S269
喪の途上にて
―大事故遺族の悲哀の研究―
野田正彰

かけがえのない人の突然の死を、遺された人はどう受け容れるのか。日航ジャンボ機墜落事故などの遺族の喪の過程をたどり、悲しみの意味を問う。

S270
時代を読む
―「民族」「人権」再考―
加藤周一
樋口陽一

「解釈改憲」の動きと日本の人権と民主主義の状況について、二人の碩学が西欧、アジアをふまえた複眼思考で語り合う白熱の対論。

S271
「日本国憲法」を読み直す
井上ひさし
樋口陽一

日本国憲法は押し付けられたもので時代にそぐわないから改正すべきか？　同年生まれで敗戦の少国民体験を共有する作家と憲法学者が熱く語り合う。

S272
関東大震災と中国人
―王希天事件を追跡する―
田原洋

関東大震災の時、虐殺された日本在住中国人のリーダーで、周恩来の親友だった王希天の死の真相に迫る。政府ぐるみの隠蔽工作を明らかにするドキュメンタリー。改訂版。

S273
NHKと政治権力
―番組改変事件当事者の証言―
永田浩三

NHK最高幹部への政治的圧力で慰安婦問題を扱った番組はどう改変されたか。プロデューサーによる渾身の証言はNHKの現在をも問う。各種資料を収録した決定版。

S274-275
丸山眞男座談セレクション(上・下)
丸山眞男
平石直昭編

人と語り合うことをこよなく愛した丸山眞男氏。知性と感性の響き合うこれら闊達な座談の中から十七篇を精選。類いまれな同時代史が立ち上がる。

2020. 8

S276
ひとり起つ
―私の会った反骨の人―
鎌田慧
組織や権力にこびずに自らの道を疾走し続けた著名人二二人の挑戦。灰谷健次郎、家永三郎、戸村一作、高木仁三郎、斎藤茂男他、今も傑出した存在感を放つ人々との対話。

S277
民意のつくられかた
斎藤貴男
原発への支持や、道路建設、五輪招致など、国策・政策の遂行にむけ、いかに世論が誘導・操作されるかを浮彫りにした衝撃のルポ。

S278
インドネシア・スンダ世界に暮らす
村井吉敬
激変していく直前の西ジャワ地方に生きる市井の人々の息遣いが濃厚に伝わる希有な現地調査と観察記録。一九七八年の初々しい著者デビュー作。〈解説〉後藤乾一

S279
老いの空白
鷲田清一
〈老い〉はほんとうに「問題」なのか？　身近な問題を哲学的に論じてきた第一線の哲学者が、超高齢化という現代社会の難問に挑む。

S280
チェンジング・ブルー
―気候変動の謎に迫る―
大河内直彦
地球の気候はこれからどう変わるのか。謎の解明にいどむ科学者たちのドラマをスリリングに描く。講談社科学出版賞受賞作。〈解説〉成毛眞

2020.8

S281
ゆびさきの宇宙
福島智・盲ろうを生きて
生井久美子
盲ろう者として幾多のバリアを突破してきた東大教授・福島智の生き方に魅せられたジャーナリストが密着、その軌跡と思想を語る。

S282
釜ケ崎と福音
―神は貧しく小さくされた者と共に―
本田哲郎
神の選びは社会的に貧しく小さくされた者の中にこそある！　釜ケ崎の労働者たちと共に二十年を過ごした神父の、実体験に基づく独自の聖書解釈。

S283
考古学で現代を見る
田中琢
新発掘で本当は何が「わかった」といえるか？　考古学とナショナリズムとの危うい関係とは？　発掘の楽しさと現代とのかかわりを語るエッセイ集。〈解説〉広瀬和雄

S284
家事の政治学
柏木博
急速に規格化・商品化が進む近代社会の軌跡と重なる「家事労働からの解放」の夢。家庭という空間と国家、性差、貧富などとの関わりを浮き彫りにする社会論。

S285
河合隼雄の読書人生
―深層意識への道―
河合隼雄
臨床心理学のパイオニアの人生に影響をおよぼした本とは？　読書を通して著者が自らの人生を振り返る、自伝でもある読書ガイド。〈解説〉河合俊雄

2020. 8

S286
平和は「退屈」ですか
―元ひめゆり学徒と若者たちの五〇〇日―
下嶋哲朗

沖縄戦の体験を、高校生と大学生が語り継ぐプロジェクトの試行錯誤の日々を描く。社会人となった若者たちに改めて取材した新稿を付す。

S287
野口体操入門
―からだからのメッセージ―
羽鳥操

「人間のからだの主体は脳でなく、体液である」という身体哲学をもとに生まれた野口体操。その理論と実践方法を多数の写真で解説。

S288
日本海軍はなぜ過ったか
―海軍反省会四〇〇時間の証言より―
澤地久枝
半藤一利
戸髙一成

勝算もなく、戦争へ突き進んでいったのはなぜか。「勢いに流されて――」。いま明かされる海軍トップエリートたちの生の声。肉声の証言がもたらした衝撃をめぐる白熱の議論。

S289-290
アジア・太平洋戦争史（上・下）
―同時代人はどう見ていたか―
山中恒

いったい何が自分を軍国少年に育て上げたのか。三〇年来の疑問を抱いて、戦時下の出版物を渉猟し書き下ろした、あの戦争の通史。

S291
戦下のレシピ
―太平洋戦争下の食を知る―
斎藤美奈子

十五年戦争下の婦人雑誌に掲載された料理記事を通して、銃後の暮らしや戦争について知るための「読めて使える」ガイドブック。文庫版では占領期の食糧事情について付記した。

2020.8

S292
食べかた上手だった日本人
—よみがえる昭和モダン時代の知恵—
魚柄仁之助

八〇年前の日本にあった、モダン食生活のユートピア。食料クライシスを生き抜くための知恵と技術を、大量の資料を駆使して復元！

S293
新版 報復ではなく和解を
—ヒロシマから世界へ—
秋葉忠利

長年、被爆者のメッセージを伝え、平和活動を続けてきた秋葉忠利氏の講演録。好評を博した旧版に三・一一以後の講演三本を加えた。

S294
新島襄
和田洋一

キリスト教を深く理解することで、日本の近代思想に大きな影響を与えた宗教家・教育家、新島襄の生涯と思想を理解するための最良の評伝。〈解説〉佐藤　優

S295
戦争は女の顔をしていない
スヴェトラーナ・アレクシエーヴィチ
三浦みどり訳

ソ連では第二次世界大戦で百万人をこえる女性が従軍した。その五百人以上にインタビューした、ノーベル文学賞作家のデビュー作にして主著。〈解説〉澤地久枝

S296
ボタン穴から見た戦争
—白ロシアの子供たちの証言—
スヴェトラーナ・アレクシエーヴィチ
三浦みどり訳

一九四一年にソ連白ロシアで十五歳以下の子供だった人たちに、約四十年後、戦争の記憶がどう刻まれているかをインタビューした戦争証言集。〈解説〉沼野充義

S297
フードバンクという挑戦
―貧困と飽食のあいだで―
大原悦子
食べられるのに捨てられてゆく大量の食品。一方に、空腹に苦しむ人びと。両者をつなぐフードバンクの活動の、これまでとこれからを見つめる。

S298
いのちの旅
「水俣学」への軌跡
原田正純
水俣病公式確認から六〇年。人類の負の遺産「水俣」を将来に活かすべく水俣学を提唱した著者が、様々な出会いの中に見出した希望の原点とは。〈解説〉花田昌宣

S299
紙の建築　行動する
―建築家は社会のために何ができるか―
坂茂
地震や水害が起きるたび、世界中の被災者のもとへ駆けつける建築家が、命を守る建築の誕生とその人道的な実践を語る。カラー写真多数。

S300
犬、そして猫が生きる力をくれた
―介助犬と人びとの新しい物語―
大塚敦子
保護された犬を受刑者が介助犬に育てるという米国での画期的な試みが始まって三〇年。保護猫が刑務所で受刑者と暮らし始めたこと、元受刑者のその後も活写する。

S301
沖縄　若夏の記憶
大石芳野
戦争や基地の悲劇を背負いながらも、豊かな風土に寄り添い独自の文化を育んできた沖縄。その魅力を撮りつづけてきた著者の、珠玉のフォトエッセイ。カラー写真多数。

2020.8

S302
機会不平等
斎藤貴男

機会すら平等に与えられない〝新たな階級社会の現出〟を粘り強い取材で明らかにした衝撃の著作。最新事情をめぐる新章と、森永卓郎氏との対談を増補。

S303
私の沖縄現代史
―米軍支配時代を日本〈ヤマト〉で生きて―
新崎盛暉

敗戦から返還に至るまでの沖縄と日本の激動の同時代史を、自らの歩みと重ねて描く。日本〈ヤマト〉で「沖縄を生きた」半生の回顧録。岩波現代文庫オリジナル版。

S304
私の生きた証はどこにあるのか
―大人のための人生論―
H・S・クシュナー
松宮克昌訳

私の人生にはどんな意味があったのか？ 人生の後半を迎え、空虚感に襲われる人々に旧約聖書の言葉などを引用し、悩みの解決法を提示。岩波現代文庫オリジナル版。

S305
戦後日本のジャズ文化
―映画・文学・アングラ―
マイク・モラスキー

占領軍とともに入ってきたジャズは、アメリカそのものだった！ 映画、文学作品等の中のジャズを通して、戦後日本社会を読み解く。

S306
村山富市回顧録
薬師寺克行編

戦後五五年体制の一翼を担っていた日本社会党は、その誕生から常に抗争を内部にはらんでいた。その最後に立ち会った元首相が見たものは。

2020.8